AF238338

Einstern

Mathematik für Grundschulkinder

2

Themenheft 3

⭐ Multiplikation und Division
⭐ Einmaleins
⭐ Sachaufgaben Teil 3
⭐ Geometrie Teil 2 – Flächen

Erarbeitet von Roland Bauer und Jutta Maurach

In Zusammenarbeit mit der
Cornelsen Redaktion Grundschule

Cornelsen

Einstern 2

Mathematik für Grundschulkinder
Themenheft 3
Multiplikation und Division
Einmaleins
Sachaufgaben Teil 3
Geometrie Teil 2 – Flächen

Erarbeitet von:	Roland Bauer, Jutta Maurach
Fachliche Beratung:	Prof'in Dr. Silvia Wessolowski
Fachliche Beratung exekutive Funktionen:	Dr. Sabine Kubesch, INSTITUT BILDUNG plus, im Auftrag des ZNL TransferZentrum für Neurowissenschaften und Lernen, Ulm
Redaktion:	Uwe Kugenbuch, Peter Groß, Friederike Thomas
Illustration:	Yo Rühmer
Umschlaggestaltung:	Cornelia Gründer, agentur corngreen, Leipzig
Layout und technische Umsetzung:	lernsatz.de

fex steht für *Förderung exekutiver Funktionen*. Hierbei werden neueste Erkenntnisse der kognitiven Neurowissenschaft zum spielerischen Training exekutiver Funktionen für die Praxis nutzbar gemacht. **fex** wurde vom **ZNL TransferZentrum für Neurowissenschaften und Lernen** *(www.znl-ulm.de)* an der Universität Ulm gemeinsam mit der **Wehrfritz GmbH** *(www.wehrfritz.com)* ins Leben gerufen. Der Cornelsen Verlag hat in Kooperation mit dem ZNL ein Konzept für die Förderung exekutiver Funktionen im Unterrichtswerk *Einstern* entwickelt.

Bildnachweis

55 Fotolia (alle), jeweils: fotohansel (1), Andrey Kuzmin (2), Maimento (3), Atlantis (4), madgooch (5), © Europäische Zentralbank (6, 8), Zerbor (7), Malyshchyts Viktar (9), grossimov (10), unpict (11), markus_marb (12), pupes1 (13), syomao (14), JWS (15), Oleksiy Mark (16), Nasared (17)

www.cornelsen.de

1. Auflage, 3. Druck 2019

Alle Drucke dieser Auflage sind inhaltlich unverändert
und können im Unterricht nebeneinander verwendet werden.

© 2015 Cornelsen Schulverlage GmbH, Berlin
© 2019 Cornelsen Verlag GmbH, Berlin

Das Werk und seine Teile sind urheberrechtlich geschützt.
Jede Nutzung in anderen als den gesetzlich zugelassenen Fällen bedarf der vorherigen
schriftlichen Einwilligung des Verlages.
Hinweis zu §§ 60 a, 60 b UrhG: Weder das Werk noch seine Teile dürfen ohne eine solche
Einwilligung an Schulen oder in Unterrichts- und Lehrmedien (§ 60 b Abs. 3 UrhG) vervielfältigt,
insbesondere kopiert oder eingescannt, verbreitet oder in ein Netzwerk eingestellt oder sonst
öffentlich zugänglich gemacht oder wiedergegeben werden.
Dies gilt auch für Intranets von Schulen.

ISBN 978-3-06-083687-1
ISBN 978-3-06-081805-1 (E-Book)
ISBN 978-3-06-084229-2 (E-Book: alle Themenhefte Einstern 2)

 Inhalt gedruckt auf säurefreiem Papier aus nachhaltiger Forstwirtschaft.

Inhaltsverzeichnis

Ich bin Einstern …

… und ich helfe dir:

erkennen   verstehen   merken

1 Schreibe zu jedem Bild die Plusaufgabe und die Malaufgabe.

a)

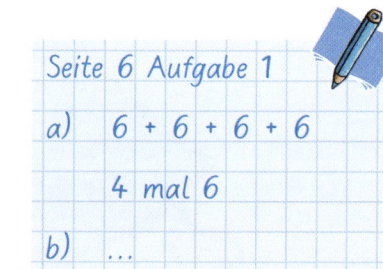

Seite 6 Aufgabe 1

a) 6 + 6 + 6 + 6

4 mal 6

b) ...

b)

c)

d)

e)

f)

g)

2 Zeichne selbst weitere Beispiele.
Bitte ein anderes Kind, dazu Plus-
und Malaufgaben zu schreiben.

Seite 6 Aufgabe 2
...

★ übersetzen Problemstellungen aus Sachsituationen in die Sprache der Mathematik
★ übertragen eine Darstellung in eine andere
★ stellen Vermutungen über mathematische Zusammenhänge und Auffälligkeiten an und erklären diese mit Beispielen

1 Suche dir ein anderes Kind.
Legt mit Steckwürfeln und findet Plus- und Malaufgaben dazu.

2 + 2 + 2 + 2

4 mal 2

2 Schreibe zu jedem Bild die Plusaufgabe und die Malaufgabe.

a)
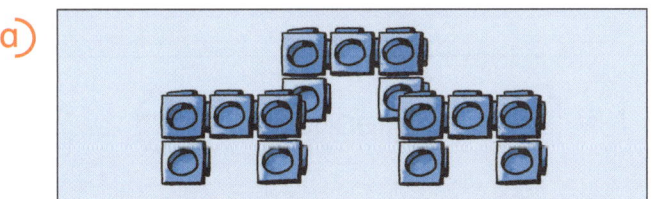

Seite 7 Aufgabe 2

a) 5 + 5 + 5 = 1 5   b) …

    3 mal 5   = 1 5

b)
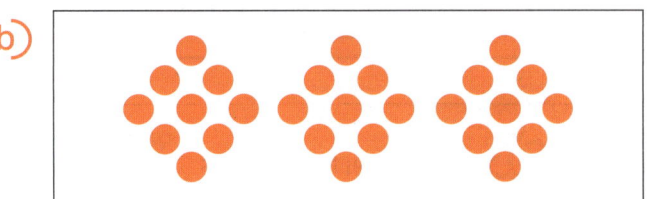

c)
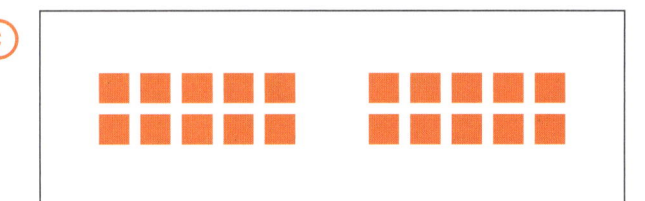

d)
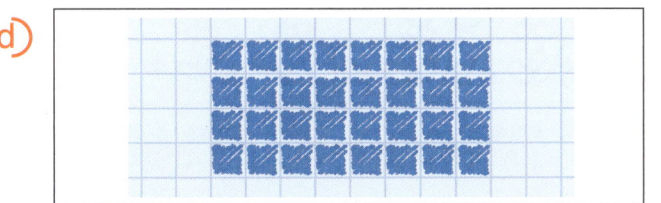

e)

f)

g)

h)
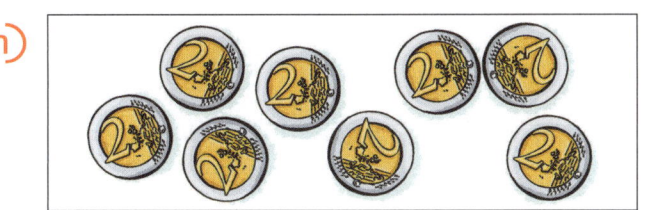

i)

★ übertragen eine Darstellung in eine andere
★ erklären Beziehungen und Gesetzmäßigkeiten an Beispielen und vollziehen Begründungen anderer nach
★ zeigen Zusammenhänge zwischen einfachen Sachsituationen und den entsprechenden Rechenoperationen auf

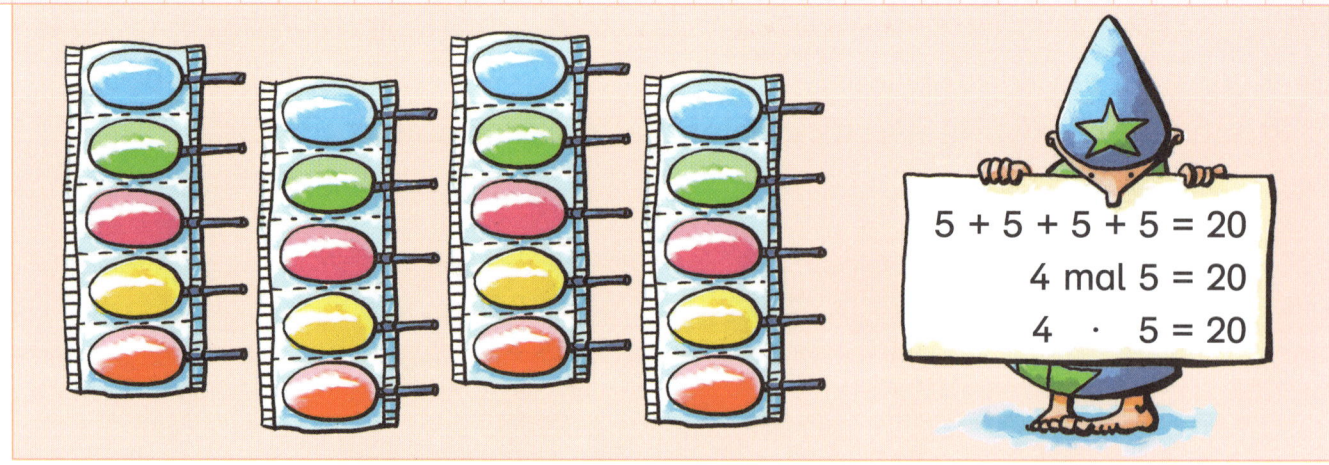

$5 + 5 + 5 + 5 = 20$

4 mal $5 = 20$

$4 \cdot 5 = 20$

1 Schreibe zu jedem Bild die Plusaufgabe und die Malaufgabe.
Rechne sie aus.

a)

Seite 8 Aufgabe 1

a) $8 + 8 + 8 = 24$ b) ...

$3 \cdot 8 = 24$

b)
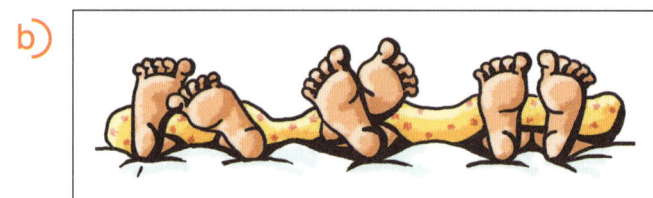

c)
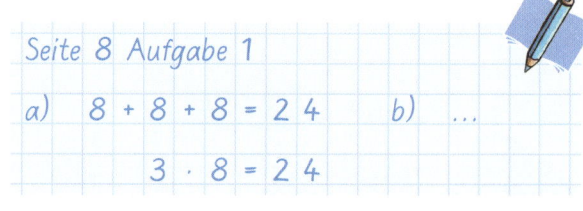

d)

e)

f)

g)

h)

i)

★ übersetzen Problemstellungen aus Sachsituationen in die Sprache der Mathematik und lösen diese
★ übertragen eine Darstellung in eine andere
★ ordnen Sachsituationen den Grundrechenarten zu

Verschiedene Darstellungen in Punktebilder übertragen

 1 Suche dir ein anderes Kind.
Stellt mit Dingen
Malaufgaben dar.
Legt passende
Punktebilder dazu.

2 Zeichne zu jedem Bild ein Punktebild.
Schreibe die Plusaufgabe und die Malaufgabe dazu.

 a)

 b)

Seite 9 Aufgabe 2

a) ● ● ● ● ● ●
● ● ● ● ● ●

$6 + 6 = 12$

$2 \cdot 6 = 12$

b) ...

 c)

 d)

 e)

f)

3 leere Kartons
$0 + 0 + 0 = 0$
$3 \cdot 0 = 0$

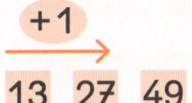
+1 →
13 27 49

+1 →
38 72 14 83

+1 →
12 91 25 76 64

→ AH Seite 25
→ Ü Seite 24

* bearbeiten Aufgaben gemeinsam und erklären anderen ihren Lösungsweg
* übertragen eine Darstellung in eine andere und wechseln zwischen verschiedenen Darstellungsformen
* ordnen Sachsituationen den Grundrechenarten zu

 1 Suche dir ein anderes Kind.

Zeigt auf dem Hunderterfeld mit Hilfe des Malwinkels Punktefelder.
Findet die passenden Plus- und Malaufgaben dazu.

2 Schreibe zu jedem Punktefeld die Plusaufgabe und die Malaufgabe.
Rechne sie aus.

a)    b)

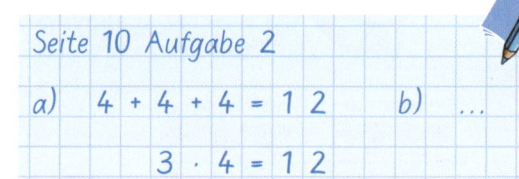

Seite 10 Aufgabe 2

a)   4 + 4 + 4 = 1 2   b)   ...

         3 · 4 = 1 2

c) 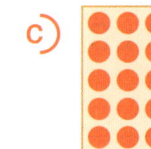   d)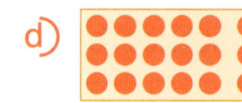

e) 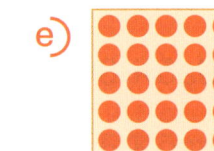   f)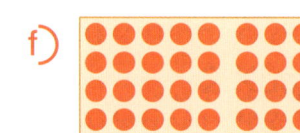

3 Stelle auf dem Hunderterfeld mit dem Malwinkel passende
Punktefelder dar. Schreibe die Plusaufgabe und die Malaufgabe auf.
Löse die Aufgaben.

a) $4 \cdot 6 =$ ▇   b) $7 \cdot 5 =$ ▇

c) $6 \cdot 4 =$ ▇   d) $3 \cdot 8 =$ ▇

e) ▇ $\cdot$ ▇ $=$ ▇   f) ▇ $\cdot$ ▇ $=$ ▇

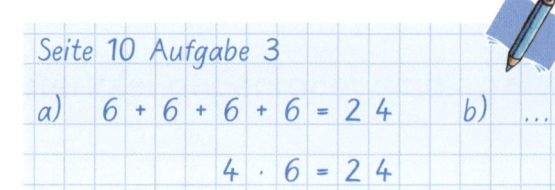

Seite 10 Aufgabe 3

a)   6 + 6 + 6 + 6 = 2 4   b)   ...

              4 · 6 = 2 4

★ bearbeiten Aufgabenstellungen gemeinsam und erklären anderen ihren Lösungsweg
★ übertragen eine Darstellung in eine andere und wechseln zwischen verschiedenen Darstellungsformen

1 Finde die Aufgaben, die zusammengehören.
Rechne die Aufgaben aus und schreibe sie untereinander.

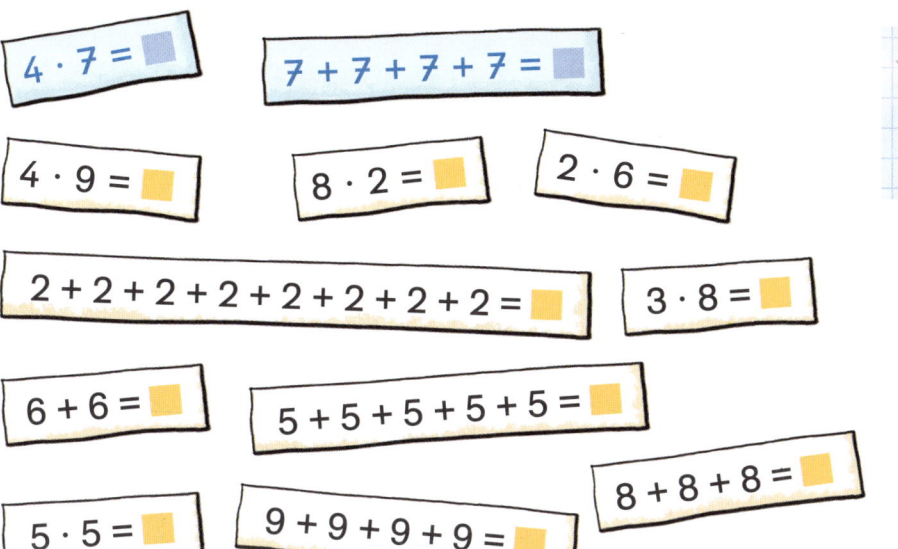

$4 \cdot 7 = \blacksquare$

$7 + 7 + 7 + 7 = \blacksquare$

$4 \cdot 9 = \blacksquare$

$8 \cdot 2 = \blacksquare$

$2 \cdot 6 = \blacksquare$

$2 + 2 + 2 + 2 + 2 + 2 + 2 + 2 = \blacksquare$

$3 \cdot 8 = \blacksquare$

$6 + 6 = \blacksquare$

$5 + 5 + 5 + 5 + 5 = \blacksquare$

$8 + 8 + 8 = \blacksquare$

$5 \cdot 5 = \blacksquare$

$9 + 9 + 9 + 9 = \blacksquare$

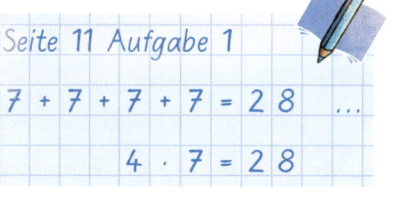

Seite 11 Aufgabe 1
$7 + 7 + 7 + 7 = 2\,8$ ...
$4 \cdot 7 = 2\,8$

2 Schreibe zu jeder Plusaufgabe die passende Malaufgabe.
Rechne beide Aufgaben aus.

a) $8 + 8 + 8 + 8 = \blacksquare$ b) $3 + 3 + 3 = \blacksquare$

c) $5 + 5 + 5 + 5 + 5 = \blacksquare$ d) $7 + 7 = \blacksquare$

e) $9 + 9 + 9 + 9 = \blacksquare$ f) $6 + 6 + 6 = \blacksquare$

Seite 11 Aufgabe 2
a) $8 + 8 + 8 + 8 = 3\,2$
$4 \cdot 8 = 3\,2$
b) ...

3 Schreibe zu jeder Malaufgabe die passende Plusaufgabe.
Rechne beide Aufgaben aus.

a) $4 \cdot 4 = \blacksquare$ b) $5 \cdot 6 = \blacksquare$

c) $2 \cdot 5 = \blacksquare$ d) $5 \cdot 8 = \blacksquare$

Seite 11 Aufgabe 3
a) $4 + 4 + 4 + 4 = 1\,6$
$4 \cdot 4 = 1\,6$
b) ...

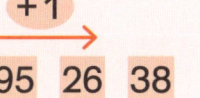

+1 → 95 26 38

+1 → 72 57 36 25

+1 → 82 43 51 95 37

Zu Punktefeldern Tauschaufgaben finden

$6 \cdot 5$ $5 \cdot 6$

Das sieht Tim:	Das sieht Lea:
$5 + 5 + 5 + 5 + 5 + 5 = 30$	$6 + 6 + 6 + 6 + 6 = 30$
$6 \cdot 5 = 30$	$5 \cdot 6 = 30$

1 Schreibe zu jedem Punktefeld zwei Plusaufgaben und zwei Malaufgaben.

a)

b)

Seite 12 Aufgabe 1

a) $4 + 4 + 4 + 4 + 4 + 4 = 24$ b) ...

$6 \cdot 4 = 24$

$6 + 6 + 6 + 6 = 24$

$4 \cdot 6 = 24$

c)

d)

e)

f)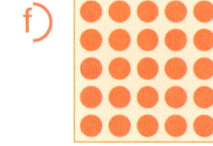

Zwei Malaufgaben:
Aufgabe und
Tauschaufgabe

2 Schreibe zu jedem Punktefeld die Malaufgabe und die Tauschaufgabe.

a)

b)

Seite 12 Aufgabe 2

a) $3 \cdot 9$ b)   ...

$9 \cdot 3$

c)

d)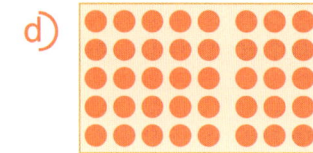

★ denken über mathematische Beziehungen nach und prüfen diese
★ übertragen eine Darstellung in eine andere und wechseln zwischen verschiedenen Darstellungsformen

→ Ü Seite 25

4 · 8

Eine Malaufgabe,
viele Zerlegungen

oder   oder

2 · 8
2 · 8

1 · 8
3 · 8

3 · 8
1 · 8

2 · 8 + 2 · 8 = 4 · 8   1 · 8 + 3 · 8 = 4 · 8   3 · 8 + 1 · 8 = 4 · 8

1 Schreibe die Zerlegungsaufgaben auf.

a)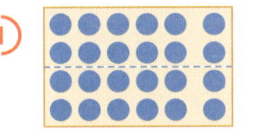

b)

c)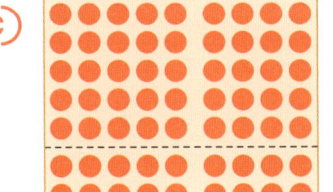

d)

Seite 13 Aufgabe 1

a) 2 · 6 + 2 · 6 = 4 · 6

    1 · 6 + 3 · 6 = 4 · 6

b) ...

2 Setze die Aufgaben zusammen.
Du kannst als Hilfe Punktefelder mit dem Malwinkel darstellen.

a) $1 · 4 + 2 · 4 = \blacksquare · \blacksquare$ b) $2 · 5 + 2 · 5 = \blacksquare · \blacksquare$

c) $5 · 3 + 1 · 3 = \blacksquare · \blacksquare$ d) $5 · 8 + 2 · 8 = \blacksquare · \blacksquare$

e) $2 · 6 + 2 · 6 = \blacksquare · \blacksquare$ f) $5 · 7 + 1 · 7 = \blacksquare · \blacksquare$

Seite 13 Aufgabe 2

a) 1 · 4 + 2 · 4 = 3 · 4

b) ...

→ Ü Seite 26
   ∗ denken über mathematische Beziehungen nach und prüfen diese
   ∗ übertragen eine Darstellung in eine andere und wechseln zwischen verschiedenen Darstellungsformen

Verdopplungsaufgaben kennenlernen

$3 \cdot 4 = 12$

Zu $3 \cdot 4 = 12$
gibt es
2 Verdopplungsaufgaben:
$6 \cdot 4 = 24$
und $3 \cdot 8 = 24$.

$3 \cdot 4 + 3 \cdot 4 = 6 \cdot 4$
$12 + 12 = 24$

$3 \cdot 4 + 3 \cdot 4 = 3 \cdot 8$
$12 + 12 = 24$

1 Bilde Verdopplungsaufgaben wie Lea.
Löse die Aufgaben. Du kannst als Hilfe Punktefelder
mit dem Malwinkel darstellen und mit dem Spiegel verdoppeln.

a) $2 \cdot 5 = \blacksquare$ b) $5 \cdot 3 = \blacksquare$ c) $2 \cdot 3 = \blacksquare$

d) $5 \cdot 4 = \blacksquare$ e) $3 \cdot 5 = \blacksquare$ f) $4 \cdot 4 = \blacksquare$

Seite 14 Aufgabe 1
a) $2 \cdot 5 + 2 \cdot 5 = 4 \cdot 5$ b) ...
$10 + 10 = 20$

2 Bilde Verdopplungsaufgaben wie Tim.
Löse die Aufgaben. Du kannst als Hilfe Punktefelder
mit dem Malwinkel darstellen und mit dem Spiegel verdoppeln.

a) $2 \cdot 5 = \blacksquare$ b) $5 \cdot 3 = \blacksquare$ c) $2 \cdot 3 = \blacksquare$

d) $5 \cdot 4 = \blacksquare$ e) $3 \cdot 5 = \blacksquare$ f) $4 \cdot 4 = \blacksquare$

Seite 14 Aufgabe 2
a) $2 \cdot 5 + 2 \cdot 5 = 2 \cdot 10$ b) ...
$10 + 10 = 20$

3 Bilde beide Verdopplungsaufgaben. Löse die Aufgaben.

a) $4 \cdot 3 = \blacksquare$ b) $2 \cdot 4 = \blacksquare$ c) $4 \cdot 5 = \blacksquare$

d) $3 \cdot 2 = \blacksquare$ e) $3 \cdot 4 = \blacksquare$ f) $5 \cdot 2 = \blacksquare$

Seite 14 Aufgabe 3
a) $4 \cdot 3 + 4 \cdot 3 = 8 \cdot 3$ b) ...
$12 + 12 = 24$
$4 \cdot 3 + 4 \cdot 3 = 4 \cdot 6$
$12 + 12 = 24$

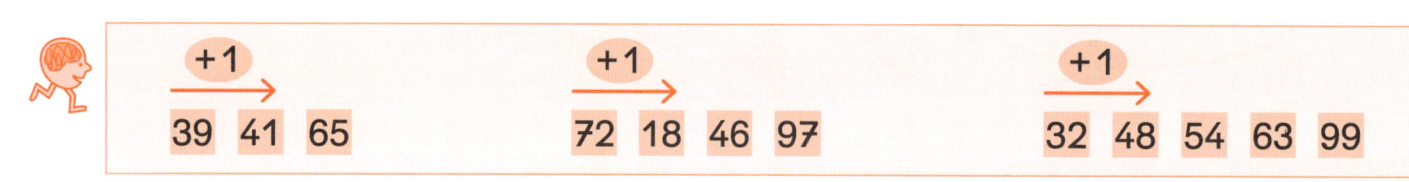

+1		
39	41	65

+1			
72	18	46	97

+1				
32	48	54	63	99

14

★ bearbeiten Aufgabenstellungen gemeinsam und erklären anderen ihren Lösungsweg
★ übertragen eine Darstellung in eine andere

Nachbaraufgaben kennenlernen

Nachbaraufgabe	Aufgabe	Nachbaraufgabe
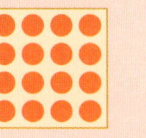		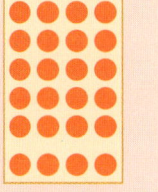

$5 \cdot 4 - 1 \cdot 4 = 4 \cdot 4$ $\qquad$ $5 \cdot 4 = 20$ $\qquad$ $5 \cdot 4 + 1 \cdot 4 = 6 \cdot 4$

$20 - 4 = 16$ $\qquad\qquad\qquad\qquad$ $20 + 4 = 24$

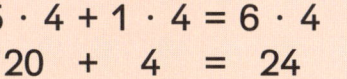

Eine Reihe weniger $\qquad$ *Eine Reihe mehr*

1 Finde zu den Punktefeldern passende Nachbaraufgaben und löse sie.

a)  $\qquad$  $\qquad$

$7 \cdot 3 = 21$

b) 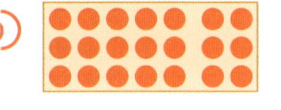 $\qquad$  $\qquad$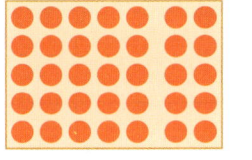

$4 \cdot 7 = 28$

c) 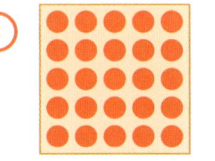 $\qquad$  $\qquad$

$6 \cdot 5 = 30$

Seite 15 Aufgabe 1

a) $\quad 7 \cdot 3 - 1 \cdot 3 = 6 \cdot 3$

$\qquad 21 - 3 = 18$

$\qquad 7 \cdot 3 + 1 \cdot 3 = 8 \cdot 3$

$\qquad 21 + 3 = 24$

b) ...

2 Schreibe zu jeder Malaufgabe ihre beiden Nachbaraufgaben auf.
Löse die Nachbaraufgaben.

a) $3 \cdot 6 = 18$ $\quad$ b) $7 \cdot 2 = 14$ $\quad$ c) $5 \cdot 3 = 15$

d) $4 \cdot 9 = 36$ $\quad$ e) $3 \cdot 4 = 12$ $\quad$ f) $5 \cdot 5 = 25$

Seite 15 Aufgabe 2

a) $\quad 3 \cdot 6 - 1 \cdot 6 = 2 \cdot 6$ $\qquad$ b) ...

$\qquad 18 - 6 = 12$

$\qquad 3 \cdot 6 + 1 \cdot 6 = 4 \cdot 6$

$\qquad 18 + 6 = 24$

1 Schreibe zu den Punktefeldern passend das Einmaleins mit 1.

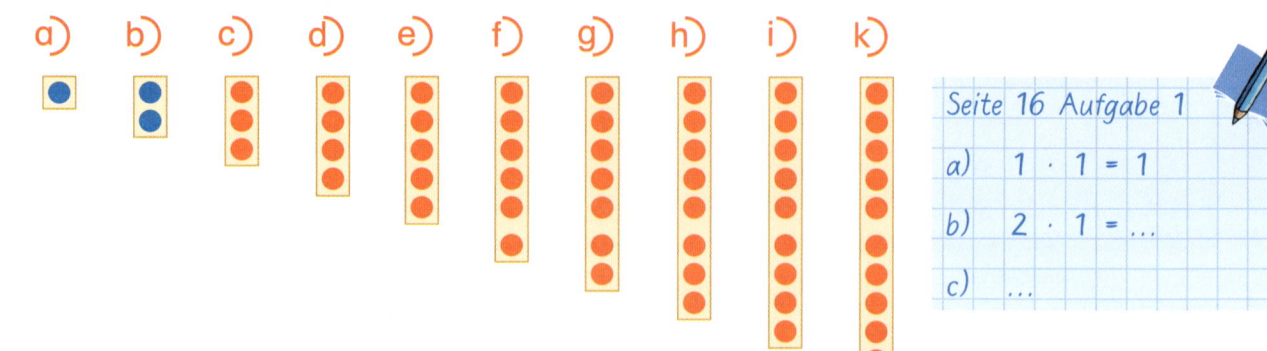

Seite 16 Aufgabe 1

a) 1 · 1 = 1

b) 2 · 1 = ...

c) ...

2 Schreibe zu den Punktefeldern passend das Einmaleins mit 10.

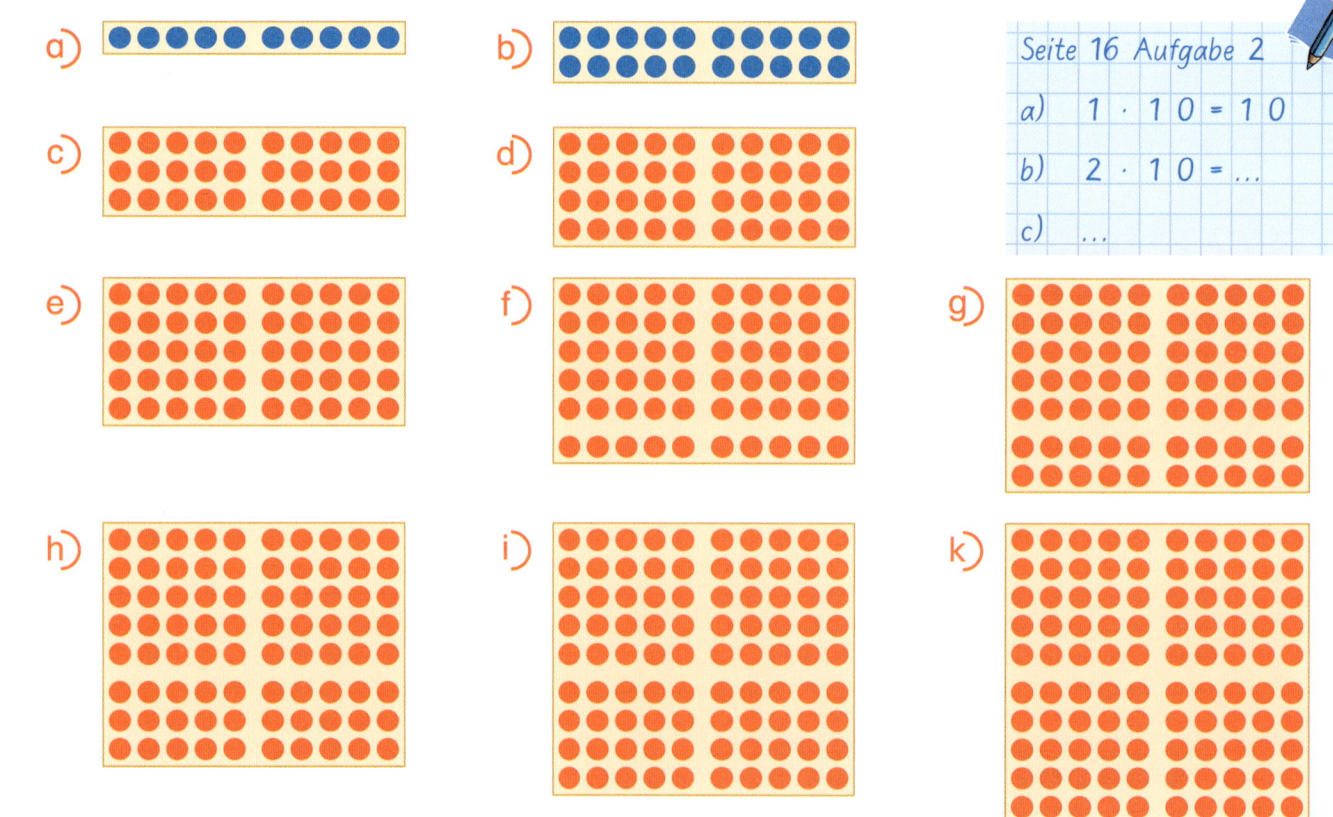

Seite 16 Aufgabe 2

a) 1 · 10 = 10

b) 2 · 10 = ...

c) ...

3 Setze das Einmaleins mit 1 und das Einmaleins mit 10 fort.

a) Setze fort bis 10 · 1.

1 · 1 = ■
2 · 1 = ■
3 · 1 = ■
⋮

b) Setze fort bis 10 · 10.

1 · 10 = ■
2 · 10 = ■
3 · 10 = ■
⋮

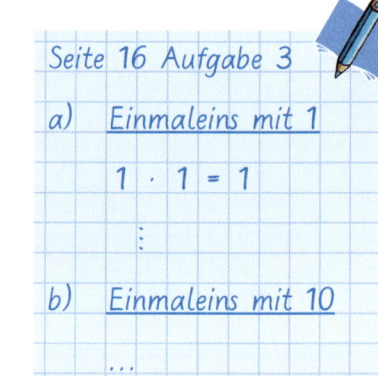

Seite 16 Aufgabe 3

a) Einmaleins mit 1

        1 · 1 = 1

        ⋮

b) Einmaleins mit 10

        ...

★ übersetzen Punktebilder in die Sprache der Mathematik
★ nutzen Zahlbeziehungen für vorteilhaftes Rechnen

1 Löse die Aufgaben aus dem Einmaleins mit 1.

a) 3 · 1 = ▪
0 · 1 = ▪
1 · 1 = ▪
8 · 1 = ▪
10 · 1 = ▪

b) 7 = ▪ · 1
4 = ▪ · 1
6 = ▪ · 1
9 = ▪ · 1
0 = ▪ · 1

c) ▪ = 2 · 1
▪ = 5 · 1
▪ = 7 · 1
▪ = 8 · 1
▪ = 9 · 1

Seite 17 Aufgabe 1
a)   3 · 1 = 3   b)   ...

2 Löse die Aufgaben aus dem Einmaleins mit 10.

a) 3 · 10 = ▪
6 · 10 = ▪
9 · 10 = ▪
0 · 10 = ▪
5 · 10 = ▪

b) 10 = ▪ · 10
80 = ▪ · 10
70 = ▪ · 10
40 = ▪ · 10
100 = ▪ · 10

c) ▪ = 0 · 10
▪ = 5 · 10
▪ = 2 · 10
▪ = 1 · 10
▪ = 7 · 10

Seite 17 Aufgabe 2
a)   3 · 1 0 = 3 0   b)   ...

3 Finde zu jeder Aufgabe die Tauschaufgabe und löse sie.

a) 5 · 1 = ▪
7 · 10 = ▪
8 · 10 = ▪
9 · 1 = ▪
6 · 10 = ▪

b) 5 · 10 = ▪
7 · 1 = ▪
8 · 1 = ▪
9 · 10 = ▪
6 · 1 = ▪

Seite 17 Aufgabe 3
a)   5 · 1 = 5   1 · 5 = 5
b)   ...

4 Finde zu jeder Aufgabe die beiden Nachbaraufgaben und löse sie.

a) 5 · 10 = ▪
7 · 1 = ▪
8 · 10 = ▪
9 · 1 = ▪
5 · 1 = ▪
3 · 10 = ▪

b) 2 · 1 = ▪
4 · 10 = ▪
3 · 1 = ▪
6 · 1 = ▪
7 · 10 = ▪
9 · 10 = ▪

Seite 17 Aufgabe 4
a)   4 · 1 0 = 4 0   b)   ...
5 · 1 0 = 5 0
6 · 1 0 = 6 0

+1 →
78 35 64

+1 →
31 47 53 69

+1 →
81 75 62 38 16

Zusammen 30 Zehen

6 · 5 = 30

$1 \cdot 5 = \blacksquare$

$2 \cdot 5 = \blacksquare$

$2 \cdot 5 + 1 \cdot 5 = 3 \cdot 5$

$2 \cdot 5 + 2 \cdot 5 = 4 \cdot 5$

$5 \cdot 5 = \blacksquare$

$5 \cdot 5 + 1 \cdot 5 = 6 \cdot 5$

$5 \cdot 5 + 2 \cdot 5 = 7 \cdot 5$

$4 \cdot 5 + 4 \cdot 5 = 8 \cdot 5$

$10 \cdot 5 - 1 \cdot 5 = 9 \cdot 5$

$10 \cdot 5 = \blacksquare$

Die roten Aufgaben sind die Kernaufgaben. Merke sie dir gut. Mit ihnen kannst du alle anderen Aufgaben lösen.

1 Schreibe die Kernaufgaben mit Lösungen auf.

Seite 18 Aufgabe 1
a)   1 · 5 = 5

2 Rechne mit den Kernaufgaben und mit Verdoppeln.

a) Setze zusammen.

$3 \cdot 5 = \blacksquare$
$6 \cdot 5 = \blacksquare$
$7 \cdot 5 = \blacksquare$

b) Verdopple.

$4 \cdot 5 = \blacksquare$
$8 \cdot 5 = \blacksquare$

c) Nutze Nachbaraufgaben.

$9 \cdot 5 = \blacksquare \qquad 4 \cdot 5 = \blacksquare$

Seite 18 Aufgabe 2
a)   2 · 5 + 1 · 5 = 3 · 5
             10 +   5   =   ...
b)   2 · 5 + 2 · 5 = 4 · 5
             10 + 10 =   ...
c)   10 · 5 - 1 · 5 = 9 · 5
             50 -   5   =   ...

✶ übersetzen Problemstellungen aus Punktebildern in die Sprache der Mathematik
✶ erkennen die Kernaufgaben und leiten daraus die weiteren Aufgaben des kleinen Einmaleins mit 5 ab
✶ nutzen Zahlbeziehungen und Rechengesetze für vorteilhaftes Rechnen

1 Schreibe das gesamte Einmaleins mit 5 auf.
Schreibe die Kernaufgaben rot.

Seite 19 Aufgabe 1

Einmaleins mit 5

1 · 5 = 5

2 Löse die Aufgaben aus dem Einmaleins mit 5.
Schreibe die Kernaufgaben rot.

a)
5 · 5 = ▧
4 · 5 = ▧
1 · 5 = ▧
3 · 5 = ▧

b)
6 · 5 = ▧
7 · 5 = ▧
10 · 5 = ▧
9 · 5 = ▧

c)
50 = ▧ · 5
25 = ▧ · 5
5 = ▧ · 5
40 = ▧ · 5

d)
20 = ▧ · 5
0 = ▧ · 5
15 = ▧ · 5
45 = ▧ · 5

e)
▧ = 7 · 5
▧ = 3 · 5
▧ = 10 · 5
▧ = 6 · 5

f)
▧ = 0 · 5
▧ = 5 · 5
▧ = 8 · 5
▧ = 9 · 5

Seite 19 Aufgabe 2

a) 5 · 5 = 2 5   b) ...

Die Kernaufgaben solltest du auswendig lernen.

3 Übertrage die Tabelle in dein Heft und fülle sie aus.

Seite 19 Aufgabe 3

Hände	5	7	...
Finger	2 5	...	

Hände	5	7	▧	▧	1	3	▧	▧	8	10
Finger	25	▧	10	30	▧	▧	20	45	▧	▧

4 Suche dir ein anderes Kind.
Übt gemeinsam die Aufgaben aus dem Einmaleins mit 5.
Übt auch die Aufgaben aus dem Einmaleins mit 1 und 10.

→ AH Seite 27

✷ lösen Aufgaben des kleinen Einmaleins mit 5
✷ übertragen eine Darstellung in eine andere
✷ üben gemeinsam und kontrollieren gegenseitig ihre Lösungen

Einmaleins mit 2 erarbeiten

Das sind 6 Kirschen.

$3 \cdot 2 = 6$

$1 \cdot 2 = \blacksquare$ $2 \cdot 2 = \blacksquare$ $2 \cdot 2 + 1 \cdot 2 = 3 \cdot 2$ $2 \cdot 2 + 2 \cdot 2 = 4 \cdot 2$

$5 \cdot 2 = \blacksquare$ $5 \cdot 2 + 1 \cdot 2 = 6 \cdot 2$ $5 \cdot 2 + 2 \cdot 2 = 7 \cdot 2$ $4 \cdot 2 + 4 \cdot 2 = 8 \cdot 2$

$10 \cdot 2 - 1 \cdot 2 = 9 \cdot 2$ $10 \cdot 2 = \blacksquare$

1 Schreibe die Kernaufgaben mit Lösungen auf.

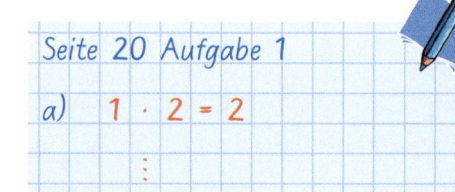

Seite 20 Aufgabe 1

a) $1 \cdot 2 = 2$

    $\vdots$

2 Rechne mit den Kernaufgaben und mit Verdoppeln.

a) Setze zusammen.

$3 \cdot 2 = \blacksquare$
$6 \cdot 2 = \blacksquare$
$7 \cdot 2 = \blacksquare$

b) Verdopple.

$4 \cdot 2 = \blacksquare$
$8 \cdot 2 = \blacksquare$

c) Nutze Nachbaraufgaben.

$9 \cdot 2 = \blacksquare$ $4 \cdot 2 = \blacksquare$

Seite 20 Aufgabe 2

a) $2 \cdot 2 + 1 \cdot 2 = 3 \cdot 2$

      $4 \;\; + \;\; 2 \;\; = \;\; \dots$

b) $2 \cdot 2 + 2 \cdot 2 = 4 \cdot 2$

      $4 \;\; + \;\; 4 \;\; = \;\; \dots$

c) $10 \cdot 2 - 1 \cdot 2 = 9 \cdot 2$

      $20 \;\; - \;\; 2 \;\; = \;\; \dots$

★ übersetzen Problemstellungen aus Punktebildern in die Sprache der Mathematik
★ lernen Kernaufgaben des kleinen Einmaleins mit 2 kennen
★ leiten aus den Kernaufgaben unter Anwendung von Strategien die weiteren Aufgaben der Zweierreihe ab

Einmaleinsaufgaben mit 2 lösen

1 Schreibe das gesamte Einmaleins mit 2 auf.
Schreibe die Kernaufgaben rot.

> *Seite 21 Aufgabe 1*
>
> *Einmaleins mit 2*
>
> $1 \cdot 2 = 2$
>
> ⋮

2 Löse die Aufgaben aus dem Einmaleins mit 2.
Schreibe die Kernaufgaben rot.

a) $5 \cdot 2 = \blacksquare$
$4 \cdot 2 = \blacksquare$
$0 \cdot 2 = \blacksquare$
$3 \cdot 2 = \blacksquare$

b) $6 \cdot 2 = \blacksquare$
$7 \cdot 2 = \blacksquare$
$10 \cdot 2 = \blacksquare$
$9 \cdot 2 = \blacksquare$

c) $10 = \blacksquare \cdot 2$
$16 = \blacksquare \cdot 2$
$2 = \blacksquare \cdot 2$
$20 = \blacksquare \cdot 2$

d) $14 = \blacksquare \cdot 2$
$0 = \blacksquare \cdot 2$
$4 = \blacksquare \cdot 2$
$18 = \blacksquare \cdot 2$

e) $\blacksquare = 7 \cdot 2$
$\blacksquare = 5 \cdot 2$
$\blacksquare = 10 \cdot 2$
$\blacksquare = 6 \cdot 2$

f) $\blacksquare = 1 \cdot 2$
$\blacksquare = 3 \cdot 2$
$\blacksquare = 8 \cdot 2$
$\blacksquare = 9 \cdot 2$

> *Seite 21 Aufgabe 2*
>
> *a) $5 \cdot 2 = 10$ b)   …*
>
> ⋮

3 Übertrage die Tabelle in dein Heft und fülle sie aus.

> *Seite 21 Aufgabe 3*
>
> | *Kinder* | *3* | *7* | *…* | | | | | |
> |---|---|---|---|---|---|---|---|---|
> | *Schuhe* | *6* | *…* | | | | | | |

Kinder	3	7	▢	▢	1	5	▢	8	▢	10
Schuhe	6	▢	4	12	▢	▢	8	▢	18	▢

4 Suche dir ein anderes Kind. Übt gemeinsam die Aufgaben aus dem Einmaleins mit 2.

★ lösen Aufgaben des kleinen Einmaleins mit 2
★ übertragen eine Darstellung in eine andere
★ üben gemeinsam und kontrollieren gegenseitig ihre Lösungen

21

·	1	2	3	4	5	6	7	8	9	10
1	1	2	3	4	5	6	7	8	9	10
2	2	4	6	8	10	12	14	16	18	20
3	3	6			15					30
4	4	8			20					40
5	5	10	15	20	25	30	35	40	45	50
6	6	12			30					60
7	7	14			35					70
8	8	16			40					80
9	9	18			45					90
10	10	20	30	40	50	60	70	80	90	100

Das Einmaleins mit 1, 2, 5 und 10 kann ich schon.

Viele neue Aufgaben kann ich mit den Tauschaufgaben lösen.

1 Betrachte in der Einmaleinstafel die Zeilen und Spalten.
Sprich mit einem anderen Kind darüber, was dir auffällt.

2 Lies die Aufgaben in der Einmaleinstafel ab.
Schreibe die Tauschaufgaben dazu.

a) alle Aufgaben aus dem Einmaleins mit 1

b) alle Aufgaben aus dem Einmaleins mit 2

c) alle Aufgaben aus dem Einmaleins mit 5

d) alle Aufgaben aus dem Einmaleins mit 10

Seite 22 Aufgabe 2

a) $1 \cdot 1 = 1$ $1 \cdot 1 = 1$

$2 \cdot 1 = 2$ $1 \cdot 2 = 2$

⋮   ⋮

b) ...

 3 Suche dir ein anderes Kind. Stellt euch gegenseitig Aufgaben
zum Einmaleins mit 1, 2, 5 und 10 und bildet die Tauschaufgaben.

5 · 7 = 35

7 · 5 = 35

✶ denken über mathematische Beziehungen nach
✶ erklären Beziehungen an Beispielen und vollziehen Begründungen anderer nach
✶ entdecken, beschreiben und nutzen Operationseigenschaften (Tauschaufgabe)

→ AH Seite 28
→ Ü Seite 28

1 Finde zu den Rechengeschichten passende Aufgaben.

a) Tim kauft 5 CDs.

b) Lena möchte gern 4 Bücher kaufen.

c) Janek verkauft 3 große Spiele.

d) Maja kauft 4 kleine Spiele.

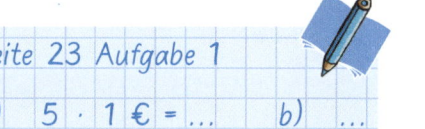

Seite 23 Aufgabe 1
a)   5 · 1 € = ...   b)   ...

2 Schreibe selbst Rechengeschichten.
Stelle sie einem anderen Kind vor,
das die Aufgaben dazu findet.

Seite 23 Aufgabe 2
...

3 Löse die Aufgaben.

a) · 1   · 2

$3 \cdot 1 = $ ⬜
$3 \cdot 2 = $ ⬜
⬜ $\cdot 1 = 8$
⬜ $\cdot 2 = 16$
⬜ $\cdot 2 = 0$

b) · 1   · 10

⬜ $\cdot 1 = 5$
⬜ $\cdot 10 = 50$
⬜ $\cdot 10 = 60$
$3 \cdot 1 = $ ⬜
$3 \cdot 10 = $ ⬜

c) · 5   · 10

$5 \cdot 5 = $ ⬜
$5 \cdot 10 = $ ⬜
⬜ $\cdot 10 = 40$
⬜ $\cdot 5 = 40$
$3 \cdot 5 = $ ⬜

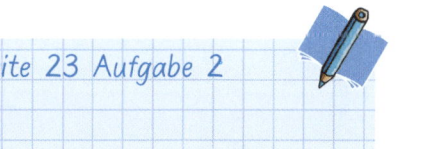

Seite 23 Aufgabe 3
a) $3 \cdot 1 = 3$ b)   ...
...

d) 1 ·   2 ·

$1 \cdot 7 = $ ⬜
$2 \cdot 7 = $ ⬜
$2 \cdot$ ⬜ $= 6$
$1 \cdot$ ⬜ $= 6$
$2 \cdot$ ⬜ $= 20$

e) 1 ·   10 ·

$1 \cdot 9 = $ ⬜
$10 \cdot 9 = $ ⬜
$10 \cdot$ ⬜ $= 50$
$1 \cdot$ ⬜ $= 5$
$10 \cdot$ ⬜ $= 70$

f) 5 ·   10 ·

$5 \cdot 2 = $ ⬜
$10 \cdot 2 = $ ⬜
$5 \cdot 4 = $ ⬜
$5 \cdot$ ⬜ $= 50$
$10 \cdot$ ⬜ $= 50$

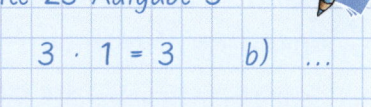

* übertragen eine Darstellung in eine andere
* übersetzen Problemstellungen aus Sachsituationen in die Sprache der Mathematik und lösen sie
* entdecken und nutzen Beziehungen zwischen den Einmaleinsreihen

Alle zusammen haben 20 Beine.

$5 \cdot 4 = 20$

 $1 \cdot 4 =$ ■

$2 \cdot 4 =$ ■

$3 \cdot 4 =$ ■

$4 \cdot 4 =$ ■

$5 \cdot 4 =$ ■

$6 \cdot 4 =$ ■

$7 \cdot 4 =$ ■

$8 \cdot 4 =$ ■

$9 \cdot 4 =$ ■

$10 \cdot 4 =$ ■

1 Schreibe die Kernaufgaben
mit Lösungen auf. Die Lösungen
sind einfach, du kennst sie bereits
von Tauschaufgaen anderer Reihen.

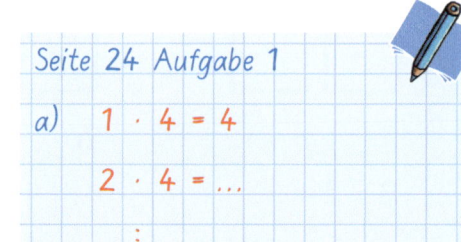

Seite 24 Aufgabe 1

a) $1 \cdot 4 = 4$

$2 \cdot 4 = ...$

⋮

2 Rechne mit den Kernaufgaben und mit Verdoppeln.

a) Setze aus Kernaufgaben zusammen.

$3 \cdot 4 =$ ■ $6 \cdot 4 =$ ■ $7 \cdot 4 =$ ■

b) Verdopple.

$8 \cdot 4 =$ ■ $4 \cdot 4 =$ ■

c) Nutze Nachbaraufgaben.

$9 \cdot 4 =$ ■ $4 \cdot 4 =$ ■

Seite 24 Aufgabe 2

a) $2 \cdot 4 + 1 \cdot 4 = 3 \cdot 4$

$8 + 4 = ...$

b) $4 \cdot 4 + 4 \cdot 4 = 8 \cdot 4$

$16 + 16 = 32$

c) $10 \cdot 4 - 1 \cdot 4 = 9 \cdot 4$

$40 - 4 = ...$

★ übersetzen Problemstellungen aus Punktebildern in die Sprache der Mathematik
★ erkennen die Kernaufgaben und leiten daraus die weiteren Aufgaben des kleinen Einmaleins mit 4 ab
★ nutzen Zahlbeziehungen und Rechengesetze für vorteilhaftes Rechnen

1 Schreibe das gesamte Einmaleins mit 4 auf.
Schreibe die Kernaufgaben rot.

Seite 25 Aufgabe 1
Einmaleins mit 4
1 · 4 = 4
⋮

2 Löse die Aufgaben aus dem Einmaleins mit 4.
Schreibe die Kernaufgaben rot.

a) $3 · 4 = $ ■
$7 · 4 = $ ■
$1 · 4 = $ ■
$8 · 4 = $ ■

b) $2 · 4 = $ ■
$6 · 4 = $ ■
$10 · 4 = $ ■
$4 · 4 = $ ■

c) $12 = $ ■ $· 4$
$36 = $ ■ $· 4$
$24 = $ ■ $· 4$
$4 = $ ■ $· 4$

Seite 25 Aufgabe 2
a)   3 · 4 = 1 2   b)   ...
⋮

d) $32 = $ ■ $· 4$
$8 = $ ■ $· 4$
$28 = $ ■ $· 4$
$16 = $ ■ $· 4$

e) ■ $= 5 · 4$
■ $= 0 · 4$
■ $= 10 · 4$
■ $= 3 · 4$

f) ■ $= 2 · 4$
■ $= 6 · 4$
■ $= 8 · 4$
■ $= 4 · 4$

3 Übertrage die Tabelle in dein Heft und fülle sie aus.

Seite 25 Aufgabe 3
Kühe	4	5	...	
Beine	1 6	...		...

Kühe	4	5	■	10	■	8	2	■	9	■
Beine	16	■	4	■	12	■	■	28	■	24

4 Übertrage die Tabelle in dein Heft und fülle sie aus. Setze fort bis 10 · 2 und 10 · 4. Besprich mit einem anderen Kind, was dir auffällt.

·	2	4
1	2	4
2	4	8
3	...	■
4	■	■
5	■	■
⋮	■	■

Seite 25 Aufgabe 4
·	2	4
1	2	4
2	...	
3		
⋮		

* lösen Aufgaben des kleinen Einmaleins mit 4
* übertragen eine Darstellung in eine andere
* entdecken und erklären Beziehungen und Gesetzmäßigkeiten und wenden diese an

25

Zusammen
32 Ruderer

$4 \cdot 8 = 32$

1 Schreibe zu den Punktefeldern die passenden Kernaufgaben mit Lösungen auf. Nutze Tauschaufgaben.

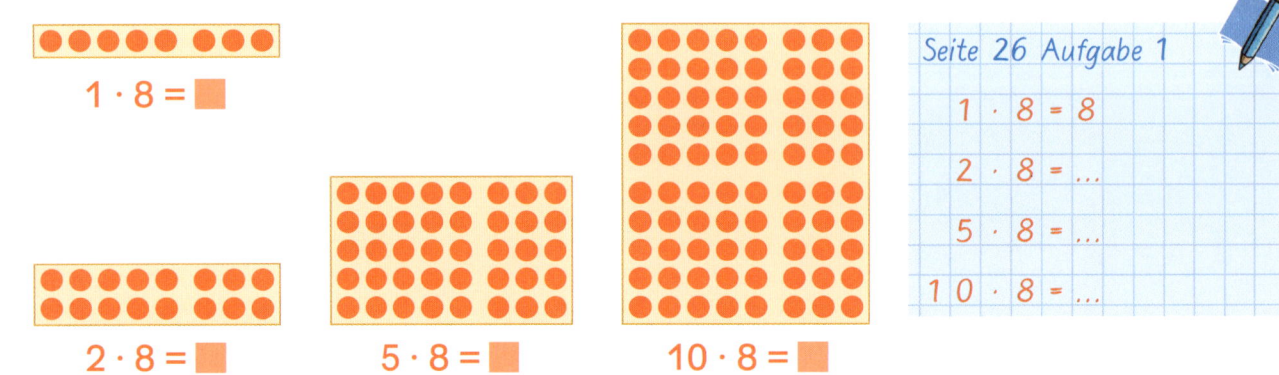

$1 \cdot 8 = \blacksquare$

$2 \cdot 8 = \blacksquare$

$5 \cdot 8 = \blacksquare$

$10 \cdot 8 = \blacksquare$

Seite 26 Aufgabe 1

$1 \cdot 8 = 8$

$2 \cdot 8 = \dots$

$5 \cdot 8 = \dots$

$10 \cdot 8 = \dots$

2 Rechne mit Kernaufgaben, Tauschaufgaben und mit Verdoppeln.

a) Setze aus Kernaufgaben zusammen.

$3 \cdot 8 = \blacksquare$ $6 \cdot 8 = \blacksquare$ $7 \cdot 8 = \blacksquare$

b) Nutze Nachbaraufgaben.

$9 \cdot 8 = \blacksquare$ $4 \cdot 8 = \blacksquare$

c) Nutze Tauschaufgaben. $4 \cdot 8 = \blacksquare$

d) Verdopple. $8 \cdot 8 = \blacksquare$

Seite 26 Aufgabe 2

a) $2 \cdot 8 + 1 \cdot 8 = 3 \cdot 8$

$16 + 8 = \dots$

b) $10 \cdot 8 - 1 \cdot 8 = 9 \cdot 8$

$80 - 8 = \dots$

c) $8 \cdot 4 = \dots$ $4 \cdot 8 = \dots$

d) $4 \cdot 8 + 4 \cdot 8 = 8 \cdot 8$

$32 + 32 = 64$

3 Schreibe das gesamte Einmaleins mit 8 auf.
Schreibe die Kernaufgaben rot.

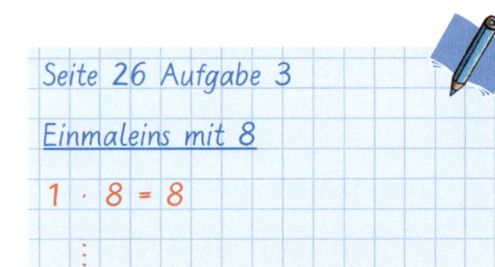

Seite 26 Aufgabe 3

Einmaleins mit 8

$1 \cdot 8 = 8$

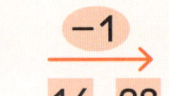

-1

14 28 37

-1

30 72 85 51

-1

94 67 45 38 59

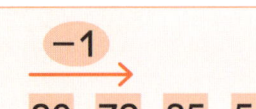

✶ übersetzen Problemstellungen aus Punktebildern in die Sprache der Mathematik
✶ erkennen die Kernaufgaben und leiten daraus die weiteren Aufgaben des kleinen Einmaleins mit 8 ab
✶ nutzen Zahlbeziehungen und Rechengesetze für vorteilhaftes Rechnen

1 Löse die Aufgaben aus dem Einmaleins mit 8.
Schreibe die Kernaufgaben rot.

a) $6 \cdot 8 = \blacksquare$ b) $64 = \blacksquare \cdot 8$ c) $\blacksquare = 1 \cdot 8$
$5 \cdot 8 = \blacksquare$ $72 = \blacksquare \cdot 8$ $\blacksquare = 9 \cdot 8$
$2 \cdot 8 = \blacksquare$ $48 = \blacksquare \cdot 8$ $\blacksquare = 8 \cdot 8$
$7 \cdot 8 = \blacksquare$ $24 = \blacksquare \cdot 8$ $\blacksquare = 6 \cdot 8$
$3 \cdot 8 = \blacksquare$ $56 = \blacksquare \cdot 8$ $\blacksquare = 5 \cdot 8$
$4 \cdot 8 = \blacksquare$ $80 = \blacksquare \cdot 8$ $\blacksquare = 10 \cdot 8$

Seite 27 Aufgabe 1
a) $6 \cdot 8 = 48$
⋮
b) ...

2 Übertrage die Tabelle in dein Heft und fülle sie aus.
Setze fort bis $10 \cdot 4$ und $10 \cdot 8$. Besprich mit einem
anderen Kind, was dir auffällt.

·	4	8
1	4	8
2	8	16
3	...	$\blacksquare$
4	$\blacksquare$	$\blacksquare$
5	$\blacksquare$	$\blacksquare$
⋮	$\blacksquare$	$\blacksquare$

Seite 27 Aufgabe 2

·	4	8
1	4	8
2	...	
3		
⋮		

3 Schreibe zu jeder Ergebniszahl Malaufgaben
mit $\cdot 2$, $\cdot 4$ oder $\cdot 8$.

8   24   6   20
40   36   16

Seite 27 Aufgabe 3

8		40
$4 \cdot 2$		...
⋮		

4 Suche dir
ein anderes Kind.
Übt gemeinsam
die Aufgaben aus
dem Einmaleins
mit 4 und 8.

→ AH Seite 29
→ Ü Seite 29

⋆ lösen Aufgaben des kleinen Einmaleins mit 8
⋆ nutzen Zahlbeziehungen und Rechengesetze für vorteilhaftes Rechnen
⋆ entdecken Beziehungen zwischen den Einmaleinsreihen mit 2, 4 und 8

Das sind 21 Würfel.

7 · 3 = 21

1 Schreibe zu den Punktefeldern die passenden Kernaufgaben mit Lösungen auf. Nutze Tauschaufgaben.

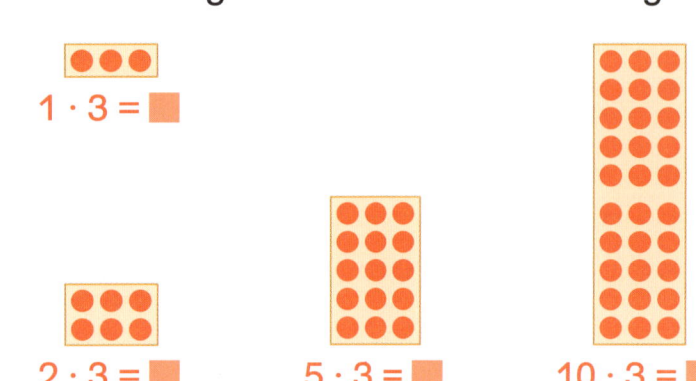

1 · 3 = ◼

2 · 3 = ◼

5 · 3 = ◼

10 · 3 = ◼

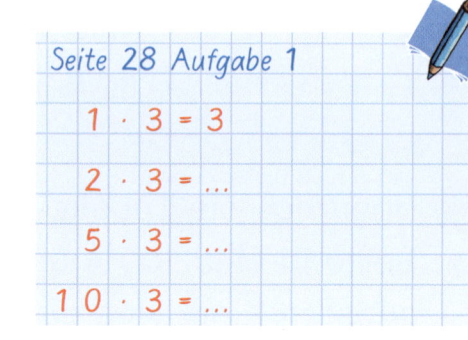

Seite 28 Aufgabe 1

1 · 3 = 3

2 · 3 = ...

5 · 3 = ...

10 · 3 = ...

2 Rechne mit Kernaufgaben und Tauschaufgaben.

a) Setze aus Kernaufgaben zusammen.

3 · 3 = ◼   6 · 3 = ◼   7 · 3 = ◼

b) Nutze Nachbaraufgaben.   9 · 3 = ◼

c) Nutze Tauschaufgaben.

4 · 3 = ◼   8 · 3 = ◼

Seite 28 Aufgabe 2

a)   2 · 3 + 1 · 3 = 3 · 3

            6   +   3   =   ...

b)   1 0 · 3 − 1 · 3 = 9 · 3

            3 0 −   3   =   ...

c)   3 · 4 = ...   4 · 3 = ...

⋮

3 Schreibe das gesamte Einmaleins mit 3 auf. Schreibe die Kernaufgaben rot.

Seite 28 Aufgabe 3

Einmaleins mit 3

1 · 3 = 3

⋮

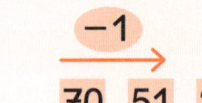

−1

70 51 28

−1

93 67 59 81

−1

78 46 38 19 25

★ übersetzen Problemstellungen aus Punktebildern in die Sprache der Mathematik
★ erkennen die Kernaufgaben und leiten daraus die weiteren Aufgaben des kleinen Einmaleins mit 3 ab
★ nutzen Zahlbeziehungen und Rechengesetze für vorteilhaftes Rechnen

1 Löse die Aufgaben aus dem Einmaleins mit 3.
Schreibe die Kernaufgaben rot.

a) $5 \cdot 3 = $ ▮   b) $30 = $ ▮ $ \cdot 3$ c) ▮ $ = 6 \cdot 3$

$6 \cdot 3 = $ ▮ $3 = $ ▮ $ \cdot 3$ ▮ $ = 8 \cdot 3$

$2 \cdot 3 = $ ▮ $24 = $ ▮ $ \cdot 3$ ▮ $ = 9 \cdot 3$

$3 \cdot 3 = $ ▮ $27 = $ ▮ $ \cdot 3$ ▮ $ = 1 \cdot 3$

$4 \cdot 3 = $ ▮ $0 = $ ▮ $ \cdot 3$ ▮ $ = 7 \cdot 3$

$7 \cdot 3 = $ ▮ $15 = $ ▮ $ \cdot 3$ ▮ $ = 0 \cdot 3$

> Seite 29 Aufgabe 1
>
> a) $5 \cdot 3 = 1\ 5$ b)   ...
>
> ⋮

2 Berechne die Anzahl der Flügel und Windräder.

a) Berechne die Anzahl der Flügel.

3 Windräder haben ▮ Flügel.

5 Windräder haben ▮ Flügel.

7 Windräder haben ▮ Flügel.

▮ Windräder haben ▮ Flügel.

> Seite 29 Aufgabe 2
>
> a) $3 \cdot 3 = 9$ 9 Flügel
>
> ⋮

b) Berechne die Anzahl der Windräder.

▮ Windräder haben   6 Flügel.

▮ Windräder haben 18 Flügel.

▮ Windräder haben 30 Flügel.

▮ Windräder haben ▮ Flügel.

> b) $2 \cdot 3 = 6$ 2 Windräder
>
> ⋮

c) Zeichne die Tabelle ins Heft und fülle sie aus.
Setze fort bis 10 Windräder.

Windräder	Flügel
1	3
⋮	⋮

> c)
>
> | Windräder | Flügel |
> |:---:|:---:|
> | 1 | 3 |
> | 2 | ... |
> | ⋮ | |

★ lösen Aufgaben des kleinen Einmaleins mit 3
★ übertragen eine Darstellung in eine andere
★ entdecken und erklären Beziehungen und Gesetzmäßigkeiten und wenden diese an

29

Zusammen 24 Beine

4 · 6 = 24

1 Schreibe zu den Punktefeldern die passenden Kernaufgaben mit Lösungen auf. Nutze Tauschaufgaben.

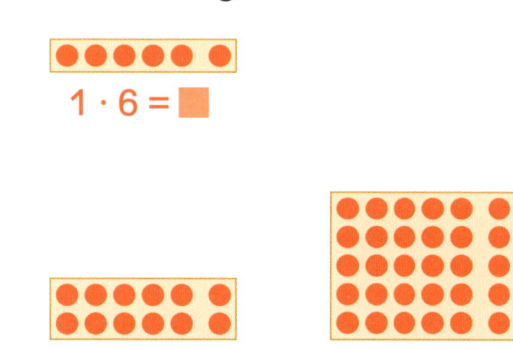

1 · 6 = ▨

2 · 6 = ▨

5 · 6 = ▨

10 · 6 = ▨

Seite 30 Aufgabe 1

1 · 6 = 6
2 · 6 = …
5 · 6 = …
10 · 6 = …

2 Rechne mit den Tauschaufgaben und Kernaufgaben.

a) Nutze Tauschaufgaben.

3 · 6 = ▨   4 · 6 = ▨   8 · 6 = ▨

b) Setze aus Kernaufgaben zusammen.

6 · 6 = ▨   7 · 6 = ▨

c) Nutze Nachbaraufgaben.   9 · 6 = ▨

Seite 30 Aufgabe 2

a)   2 · 6 + 1 · 6 = 3 · 6
             12 + 6   = …

b)   5 · 6 − 1 · 6 = 6 · 6
             30 + 6   = …

c)   10 · 6 − 1 · 6 = 9 · 6
             60 − 6   = …

3 Schreibe das gesamte Einmaleins mit 6 auf. Schreibe die Kernaufgaben rot.

Seite 30 Aufgabe 3

Einmaleins mit 6

1 · 6 = 6
⋮

4 Suche dir ein anderes Kind. Übt gemeinsam die Aufgaben aus dem Einmaleins mit 3 und 6.

4 · 6

24

* übersetzen Problemstellungen aus Punktebildern in die Sprache der Mathematik
* erkennen die Kernaufgaben und leiten daraus die weiteren Aufgaben des kleinen Einmaleins mit 6 ab
* nutzen Zahlbeziehungen und Rechengesetze für vorteilhaftes Rechnen

1 Bestimme, wie viele Beine die Käfer haben. Schreibe und rechne.

1 Käfer: ▮ Beine   3 Käfer: ▮ Beine
0 Käfer: ▮ Beine   4 Käfer: ▮ Beine
5 Käfer: ▮ Beine   9 Käfer: ▮ Beine
7 Käfer: ▮ Beine   6 Käfer: ▮ Beine
2 Käfer: ▮ Beine   8 Käfer: ▮ Beine

Seite 31 Aufgabe 1

Käfer	Beine
1	6
0	...
⋮	

2 Löse die Aufgaben aus dem Einmaleins mit 6.
Schreibe die Kernaufgaben rot.

a)
$2 \cdot 6 = $ ▮
$5 \cdot 6 = $ ▮
$6 \cdot 6 = $ ▮
$0 \cdot 6 = $ ▮
$9 \cdot 6 = $ ▮
$7 \cdot 6 = $ ▮
$3 \cdot 6 = $ ▮
$8 \cdot 6 = $ ▮

b)
$54 = $ ▮ $\cdot\ 6$
$18 = $ ▮ $\cdot\ 6$
$48 = $ ▮ $\cdot\ 6$
$30 = $ ▮ $\cdot\ 6$
$24 = $ ▮ $\cdot\ 6$
$60 = $ ▮ $\cdot\ 6$
$36 = $ ▮ $\cdot\ 6$
$12 = $ ▮ $\cdot\ 6$

c)
▮ $= 3 \cdot 6$
▮ $= 8 \cdot 6$
▮ $= 4 \cdot 6$
▮ $= 1 \cdot 6$
▮ $= 7 \cdot 6$
▮ $= 6 \cdot 6$
▮ $= 9 \cdot 6$
▮ $= 5 \cdot 6$

Seite 31 Aufgabe 2

a) $2 \cdot 6 = 12$ b)   ...
⋮

3 Übertrage die Tabelle in dein Heft und fülle sie aus.
Setze fort bis $10 \cdot 3$ und $10 \cdot 6$. Besprich mit einem
anderen Kind, was dir auffällt.

·	3	6
1	3	6
2	6	12
3	...	▮
4	▮	▮
5	▮	▮
⋮	▮	▮

Seite 31 Aufgabe 3

·	3	6
1	3	6
2	...	
3		
⋮		

★ lösen Aufgaben des kleinen Einmaleins mit 6
★ übertragen eine Darstellung in eine andere
★ entdecken und erklären Beziehungen und Gesetzmäßigkeiten und wenden diese an

31

Zusammen 27 Kegel

$3 \cdot 9 = 27$

1 Schreibe zu den Punktefeldern die passenden Kernaufgaben mit Lösungen auf. Nutze Tauschaufgaben.

$1 \cdot 9 = $ ■

$2 \cdot 9 = $ ■ $5 \cdot 9 = $ ■ $10 \cdot 9 = $ ■

Seite 32 Aufgabe 1

$1 \cdot 9 = 9$

$2 \cdot 9 = \ldots$

$5 \cdot 9 = \ldots$

$10 \cdot 9 = \ldots$

2 Rechne mit Tauschaufgaben und Kernaufgaben.

a) Nutze Tauschaufgaben.

$3 \cdot 9 = $ ■ $4 \cdot 9 = $ ■
$6 \cdot 9 = $ ■ $8 \cdot 9 = $ ■

b) Setze aus Kernaufgaben zusammen.

$7 \cdot 9 = $ ■

c) Nutze Nachbaraufgaben.

$9 \cdot 9 = $ ■

Seite 32 Aufgabe 2

a) $9 \cdot 3 = \ldots$ $3 \cdot 9 = \ldots$
⋮

b) $5 \cdot 9 + 2 \cdot 9 = 7 \cdot 9$
    $45 + 18 = 63$

c) $10 \cdot 9 - 1 \cdot 9 = 9 \cdot 9$
    $90 - 9 = \ldots$

3 Schreibe das gesamte Einmaleins mit 9 auf. Schreibe die Kernaufgaben rot.

Seite 32 Aufgabe 3

Einmaleins mit 9

$1 \cdot 9 = 9$
⋮

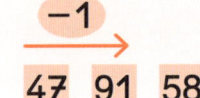

−1 → 47 91 58

−1 → 63 100 85 51

−1 → 95 19 40 38 61

★ übersetzen Problemstellungen aus Punktebildern in die Sprache der Mathematik
★ erkennen die Kernaufgaben und leiten daraus die weiteren Aufgaben des kleinen Einmaleins mit 9 ab
★ nutzen Zahlbeziehungen und Rechengesetze für vorteilhaftes Rechnen

1 Löse die Aufgaben aus dem Einmaleins mit 9.
Schreibe die Kernaufgaben rot.

a)
1 · 9 = ▮
4 · 9 = ▮
7 · 9 = ▮
9 · 9 = ▮
8 · 9 = ▮

b)
18 = ▮ · 9
45 = ▮ · 9
54 = ▮ · 9
0 = ▮ · 9
90 = ▮ · 9

c)
▮ = 6 · 9
▮ = 0 · 9
▮ = 9 · 9
▮ = 2 · 9
▮ = 5 · 9

Seite 33 Aufgabe 1
a) 1 · 9 = 9   b) ...
⋮

2 Schreibe zu jeder Ergebniszahl Malaufgaben mit · 3, · 6 oder · 9.

6   27   15   24
36   9   18   30

Seite 33 Aufgabe 2
| 6 | 27 | ... |
2 · 3   ...
⋮

3 Suche dir ein anderes Kind. Übt gemeinsam die Aufgaben aus dem Einmaleins mit 9.

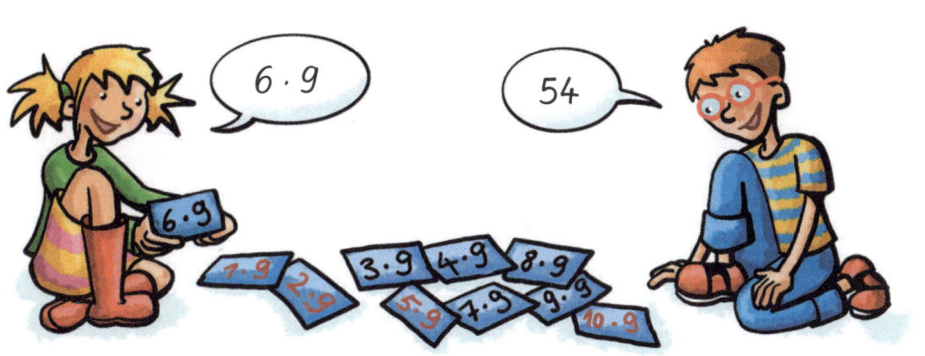

4 Ergänze die Malaufgaben zu den vorgegebenen Ergebniszahlen.

a) **18**
▮ · 2 = 18
▮ · 3 = 18
▮ · 6 = 18
▮ · 9 = 18

b) **12**
▮ · 2 = 12
▮ · 3 = 12
▮ · 4 = 12
▮ · 6 = 12

c) **24**
▮ · 3 = 24
▮ · 4 = 24
▮ · 6 = 24
▮ · 8 = 24

Seite 33 Aufgabe 4
a) 9 · 2 = 1 8   b) ...
⋮

d) **30**
▮ · 3 = 30
▮ · 5 = 30
▮ · 6 = 30
▮ · 10 = 30

e) **40**
▮ · 4 = 40
▮ · 5 = 40
▮ · 8 = 40
▮ · 10 = 40

f) **36**
▮ · 4 = 36
▮ · 6 = 36
▮ · 9 = 36

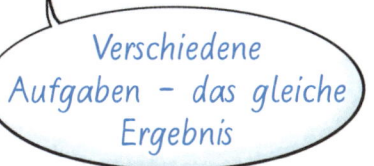

Verschiedene Aufgaben – das gleiche Ergebnis

→ AH Seite 30
→ Ü Seite 30

★ lösen Aufgaben des kleinen Einmaleins mit 9
★ nutzen Zahlbeziehungen und Rechengesetze für vorteilhaftes Rechnen
★ entdecken Beziehungen zwischen den Einmaleinsreihen mit 3, 6 und 9

1 Schreibe zu den Punktefeldern die passenden Kernaufgaben mit Lösungen auf. Nutze Tauschaufgaben.

$1 \cdot 7 = \blacksquare$

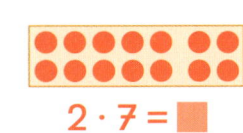

$2 \cdot 7 = \blacksquare$

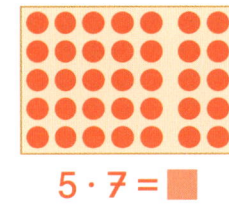

$5 \cdot 7 = \blacksquare$

$10 \cdot 7 = \blacksquare$

Seite 34 Aufgabe 1

$1 \cdot 7 = 7$

$2 \cdot 7 = \dots$

$5 \cdot 7 = \dots$

$10 \cdot 7 = \dots$

2 Rechne mit Tauschaufgaben und Kernaufgaben.

a) Nutze Tauschaufgaben.

$3 \cdot 7 = \blacksquare$ $8 \cdot 7 = \blacksquare$
$4 \cdot 7 = \blacksquare$ $9 \cdot 7 = \blacksquare$
$6 \cdot 7 = \blacksquare$

b) Setze aus Kernaufgaben zusammen.

$7 \cdot 7 = \blacksquare$

Seite 34 Aufgabe 2

a) $7 \cdot 3 = \dots$ $3 \cdot 7 = \dots$
         $\vdots$

b) $5 \cdot 7 + 2 \cdot 7 = 7 \cdot 7$
         $35 + 14 = 49$

3 Schreibe das gesamte Einmaleins mit 7 auf. Schreibe die Kernaufgaben rot.

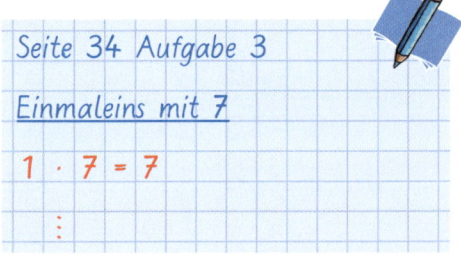

Seite 34 Aufgabe 3

Einmaleins mit 7

$1 \cdot 7 = 7$

$\vdots$

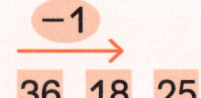

$\xrightarrow{-1}$		
36	18	25

$\xrightarrow{-1}$			
71	43	56	82

$\xrightarrow{-1}$				
17	93	24	68	41

★ übersetzen Problemstellungen aus Punktebildern in die Sprache der Mathematik
★ erkennen die Kernaufgaben und leiten daraus die weiteren Aufgaben des kleinen Einmaleins mit 7 ab
★ nutzen Zahlbeziehungen und Rechengesetze für vorteilhaftes Rechnen

1 Löse die Aufgaben aus dem Einmaleins mit 7.

a)
$3 \cdot 7 = $ ▪
$5 \cdot 7 = $ ▪
$7 \cdot 7 = $ ▪
$6 \cdot 7 = $ ▪
$2 \cdot 7 = $ ▪

b)
$8 \cdot 7 = $ ▪
$9 \cdot 7 = $ ▪
$4 \cdot 7 = $ ▪
$0 \cdot 7 = $ ▪
$10 \cdot 7 = $ ▪

c)
$7 = $ ▪ $\cdot 7$
$49 = $ ▪ $\cdot 7$
$63 = $ ▪ $\cdot 7$
$70 = $ ▪ $\cdot 7$
$28 = $ ▪ $\cdot 7$

Seite 35 Aufgabe 1
a) $3 \cdot 7 = 21$
...
b) ...

d)
$56 = $ ▪ $\cdot 7$
$0 = $ ▪ $\cdot 7$
$35 = $ ▪ $\cdot 7$
$14 = $ ▪ $\cdot 7$
$42 = $ ▪ $\cdot 7$

e)
▪ $= 0 \cdot 7$
▪ $= 5 \cdot 7$
▪ $= 6 \cdot 7$
▪ $= 2 \cdot 7$
▪ $= 3 \cdot 7$

f)
▪ $= 9 \cdot 7$
▪ $= 1 \cdot 7$
▪ $= 7 \cdot 7$
▪ $= 4 \cdot 7$
▪ $= 8 \cdot 7$

2

a) Berechne die Anzahl der Fenster.

In 2 Stockwerken: ▪ Fenster

In 8 Stockwerken: ▪ Fenster

In 5 Stockwerken: ▪ Fenster

In 3 Stockwerken: ▪ Fenster

In 9 Stockwerken: ▪ Fenster

In 4 Stockwerken: ▪ Fenster

In 1 Stockwerk: ▪ Fenster

Seite 35 Aufgabe 2
a) $2 \cdot 7 = 14$
14 Fenster
⋮

b) Übertrage die Tabelle in dein Heft und fülle sie aus.

b)
Stockwerke	3	...
Fenster	21	...

Stockwerke	3	▪	4	▪	1	▪	8	▪	5	▪
Fenster	21	14	▪	42	▪	49	▪	63	▪	70

→ AH Seite 31
→ Ü Seite 31

★ lösen Aufgaben des kleinen Einmaleins mit 7
★ übertragen eine Darstellung in eine andere
★ entdecken und erklären Beziehungen und Gesetzmäßigkeiten und wenden diese an

Mit der Einmaleinstafel üben

1 Bestimme die Ergebnisse,
die hinter den Bildern versteckt sind.

> Die Zahlen in den lila Feldern heißen Quadratzahlen.

·	1	2	3	4	5	6	7	8	9	10
1	1	2	3	4	✿	6	7	8	9	10
2	2	4	6	8	10	12	🐞	16	🐤	20
3	3	6	🦋	12	15	18	21	24	27	30
4	4	🍒	12	16	20	24	28	32	36	40
5	5	10	15	20	25	30	35	40	45	🕐
6	🐟	12	18	24	30	36	42	48	54	60
7	7	14	21	28	35	42	49	56	63	70
8	8	16	24	32	40	48	56	🦔	72	80
9	9	18	27	36	🍄	54	63	72	81	90
10	10	20	🧦	40	50	60	70	80	90	100

Seite 36 Aufgabe 1

B: 5

M:

V:

Sch:

K:

U:

F:

I:

P:

H:

2 Lies die Aufgaben in der
Einmaleinstafel ab, die zu
den Quadratzahlen gehören.
Schreibe sie auf. Zeichne immer
ein passendes Bild dazu.

Seite 36 Aufgabe 2

$1 \cdot 1 = 1$ $2 \cdot 2 = 4$ $3 \cdot 3 = 9$ ...

3 Rechne mit den Quadratzahlen. Löse die Aufgaben. Schreibe zu jeder
Aufgabe die beiden Nachbaraufgaben mit Lösungen auf.

a) $6 \cdot 6 = $ ■   b) $5 \cdot 5 = $ ■   c) $8 \cdot 8 = $ ■

d) $2 \cdot 2 = $ ■   e) $7 \cdot 7 = $ ■   f) ■ $\cdot$ ■ $= $ ■

Seite 36 Aufgabe 3

a) $6 \cdot 6 + 1 \cdot 6 = 7 \cdot 6$ b)   ...

     $36 + 6 = $ ...

     $6 \cdot 6 - 1 \cdot 6 = 5 \cdot 6$

     $36 - 6 = $ ...

4 Suche dir
ein anderes Kind.
Stellt euch gegen-
seitig Aufgaben zur
Einmaleinstafel.

> 9 · 9

> 81

★ entdecken und beschreiben die Struktur einer Einmaleinstafel
★ erklären Beziehungen an Beispielen und vollziehen Begründungen anderer nach
★ stellen die Quadratzahlen in einem anderen Anschauungsmodell dar

Malaufgaben mit dem eigenen Rechenweg lösen

Ich nutze Verdopplungsaufgaben.

8 · 6 = ▢

Ich rechne mit den Kernaufgaben.

10 · 6 − 2 · 6 = 8 · 6
60 − 12 = 48

Sofie
4 · 6 = 24
8 · 6 = 48

Patrick
6 · 8 = 48
8 · 6 = 48

Mir hilft die Tauschaufgabe.

1 Wie rechnest du die Aufgabe 6 · 7?
Vergleiche mit anderen Kindern.

2 Rechne mit den Kernaufgaben.

1 · ▢   2 · ▢   5 · ▢   10 · ▢

a) 9 · 7 = ▢   b) 6 · 4 = ▢

c) 3 · 8 = ▢   d) 4 · 9 = ▢

e) 7 · 6 = ▢   f) 8 · 3 = ▢

Seite 37 Aufgabe 2
a) 10 · 7 − 1 · 7 = 9 · 7   b) ...
        70 − 7 = 63

3 Rechne mit Nachbaraufgaben wie Einstern.

Ich rechne so.

a) 9 · 6 = ▢   b) 9 · 4 = ▢

c) 9 · 5 = ▢   d) 9 · 7 = ▢

e) 9 · 8 = ▢   f) 9 · 3 = ▢

Seite 37 Aufgabe 3
a) 10 · 6 − 1 · 6 = 9 · 6   b) ...
        60 − 6 = 54

4 Rechne mit Verdoppeln.

a) 6 · 3 = ▢   b) 4 · 7 = ▢   c) 8 · 4 = ▢

d) 6 · 5 = ▢   e) 4 · 6 = ▢   f) 8 · 3 = ▢

Seite 37 Aufgabe 4
a) 3 · 3 = 9   b) ...
     6 · 3 = 18

5 Rechne mit deinem Rechenweg.

a) 9 · 6 = ▢   b) 6 · 7 = ▢   c) 8 · 5 = ▢

d) 4 · 8 = ▢   e) 3 · 9 = ▢   f) 7 · 3 = ▢

Seite 37 Aufgabe 5
a) ...

★ beschreiben Rechenwege für andere nachvollziehbar und verwenden dabei geeignete Fachbegriffe
★ erläutern ihre Begründungen zusammen mit anderen

1 Rechne mit deinem Rechenweg.

a)
6 · 8 = ☐
5 · 3 = ☐
9 · 4 = ☐
7 · 5 = ☐
5 · 6 = ☐
9 · 7 = ☐

b)
3 · 9 = ☐
6 · 4 = ☐
2 · 0 = ☐
7 · 3 = ☐
8 · 9 = ☐
3 · 6 = ☐

c)
4 · 7 = ☐
8 · 5 = ☐
5 · 2 = ☐
3 · 8 = ☐
8 · 6 = ☐
0 · 7 = ☐

d)
4 · 2 = ☐
6 · 6 = ☐
2 · 5 = ☐
4 · 9 = ☐
7 · 6 = ☐
5 · 8 = ☐

e)
10 · 9 = ☐
2 · 8 = ☐
5 · 4 = ☐
6 · 3 = ☐
8 · 2 = ☐
7 · 7 = ☐

f)
9 · 6 = ☐
7 · 8 = ☐
9 · 5 = ☐
4 · 3 = ☐
9 · 8 = ☐
9 · 9 = ☐

> Seite 38 Aufgabe 1
> a) ...

Ich weiß, wie ich viele Einmaleinsaufgaben lösen kann.

2 Löse die Aufgaben.

a) [·1] [·10]
☐ · 1 = 5
☐ · 10 = 50
☐ · 10 = 60
3 · 1 = ☐
3 · 10 = ☐

b) [·2] [·4]
3 · 2 = ☐
3 · 4 = ☐
☐ · 2 = 18
☐ · 2 = 0
7 · 4 = ☐

c) [·4] [·8]
☐ · 8 = 32
☐ · 4 = 32
2 · 8 = ☐
4 · 4 = ☐
☐ · 8 = 64

> Seite 38 Aufgabe 2
> a) 5 · 1 = 5   b) ...

d) [·3] [·6]
2 · 3 = ☐
2 · 6 = ☐
4 · 6 = ☐
☐ · 6 = 48
☐ · 3 = 24

e) [·3] [·9]
2 · 3 = ☐
2 · 9 = ☐
☐ · 9 = 45
☐ · 9 = 54
3 · 3 = ☐

f) [·5] [·10]
5 · 5 = ☐
5 · 10 = ☐
☐ · 10 = 40
☐ · 5 = 20
3 · 5 = ☐

g) [·7]
3 · 7 = ☐
5 · 7 = ☐
☐ · 7 = 56
☐ · 7 = 14
☐ · 7 = 42

* lösen Aufgaben des kleinen Einmaleins
* nutzen Zahlbeziehungen und Rechengesetze für vorteilhaftes Rechnen
* nutzen Beziehungen zwischen Einmaleinsreihen

→ AH Seite 32
→ Ü Seite 32

1 Suche dir ein anderes Kind.
Löst gemeinsam Aufgaben aus dem Einmaleins.

2 Rechne in deinem Heft.

a)
$\blacksquare \cdot 3 = 21$
$\blacksquare \cdot 2 = 16$
$\blacksquare \cdot 4 = 36$
$\blacksquare \cdot 6 = 30$
$\blacksquare \cdot 7 = 0$

b)
$\blacksquare \cdot 9 = 27$
$\blacksquare \cdot 7 = 42$
$\blacksquare \cdot 4 = 28$
$\blacksquare \cdot 6 = 0$
$\blacksquare \cdot 8 = 56$

c)
$\blacksquare \cdot 1 = 7$
$\blacksquare \cdot 5 = 45$
$\blacksquare \cdot 2 = 18$
$\blacksquare \cdot 8 = 32$
$\blacksquare \cdot 7 = 21$

Seite 39 Aufgabe 2
a) $7 \cdot 3 = 21$ b) ...

3 Setze passend < , > oder = ein.

a)
$3 \cdot 5 \bigcirc 12$
$6 \cdot 4 \bigcirc 25$
$9 \cdot 2 \bigcirc 20$
$7 \cdot 3 \bigcirc 21$
$7 \cdot 6 \bigcirc 50$
$8 \cdot 8 \bigcirc 60$

b)
$6 \cdot 4 \bigcirc 3 \cdot 8$
$2 \cdot 9 \bigcirc 7 \cdot 3$
$8 \cdot 3 \bigcirc 5 \cdot 4$
$3 \cdot 7 \bigcirc 4 \cdot 6$
$5 \cdot 9 \bigcirc 9 \cdot 6$
$2 \cdot 6 \bigcirc 3 \cdot 4$

Seite 39 Aufgabe 3
a) $3 \cdot 5 > 12$ b) ...

4 Suche dir Zahlen aus und finde möglichst viele Malaufgaben dazu.
Du kannst dir auch eigene Zahlen überlegen.
Zu welcher Zahl findest du die meisten Aufgaben?

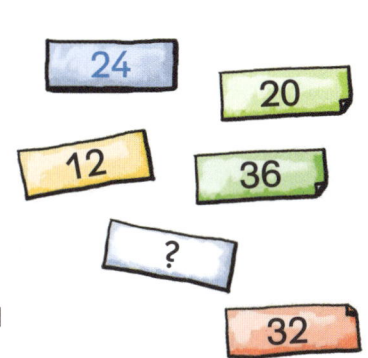

Seite 39 Aufgabe 4
24   20   ...
$3 \cdot 8$ ...

★ lösen Aufgaben des kleinen Einmaleins
★ stellen Vermutungen über mathematische Auffälligkeiten an, bestätigen oder widerlegen diese und erklären Beziehungen

39

Geteiltaufgaben kennenlernen – Aufteilen

Es sind 20 Brezeln.
Immer 4 werden in eine Tüte verpackt.

20 : 4
20 geteilt durch 4

1 Löse die Aufgaben.

a)
Es sind 30 Brezeln.
Immer 5 werden in eine Tüte verpackt.

30 : 5 = 6   Es sind 6 Tüten.

Seite 40 Aufgabe 1
a) 3 0 : 5 = 6
        Es sind 6 Tüten.
b) ...

b)
Es sind 18 Brötchen.
Immer 3 werden in eine Tüte verpackt.

18 : 3 = ▮   Es sind ▮ Tüten.

c)
Es sind 12 Hörnchen.
Immer 4 werden in eine Tüte verpackt.

12 : 4 = ▮   Es sind ▮ Tüten.

d)
Es sind 24 Törtchen.
Immer 6 werden in eine Tüte verpackt.

24 : 6 = ▮   Es sind ▮ Tüten.

e)
Es sind 21 Windbeutel.
Immer 7 werden in eine Tüte verpackt.

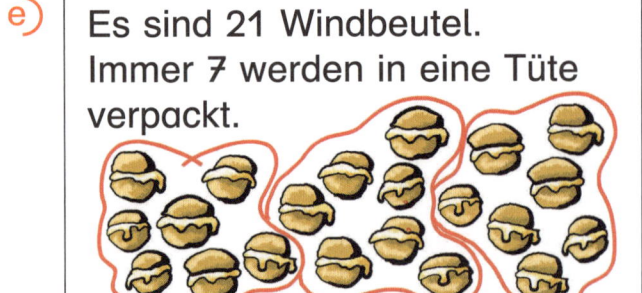

21 : 7 = ▮   Es sind ▮ Tüten.

2 Finde selbst ein Beispiel, bei dem etwas aufgeteilt wird. Schreibe, male und rechne.

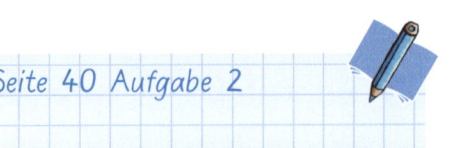

Seite 40 Aufgabe 2
...

★ übersetzen Problemstellungen aus Darstellungen der Lebenswirklichkeit in die Sprache der Mathematik
★ übertragen eine Darstellung in eine andere
★ ordnen Sachsituationen den Grundrechenarten zu

 1 Suche dir ein anderes Kind. Legt die Aufgaben mit Steckwürfeln.

12 : 4	15 : 3
25 : 5	18 : 6
32 : 8	14 : 2
24 : 4	28 : 7

12 geteilt durch 4

12 Steckwürfel, immer 4 in eine Tüte

2 Schreibe zu jedem Bild eine Geteiltaufgabe.

a)    b)

Seite 41 Aufgabe 2

a)   1 2 : 2 = 6   b)   ...

c)    d)    e)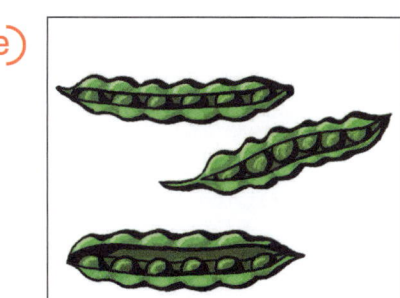

f) 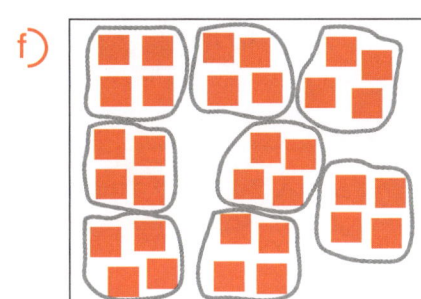   g) 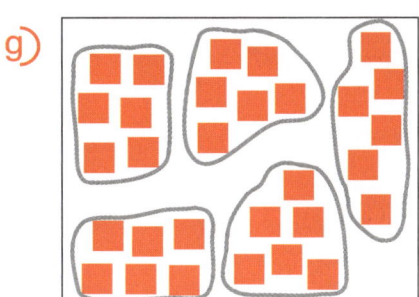   h)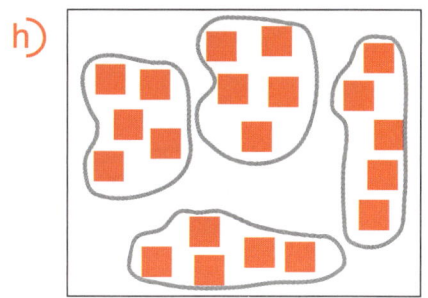

3 Zeichne selbst Bilder und löse die Aufgaben.

a) 15 : 5 = ▢   b) 20 : 4 = ▢   c) 30 : 5 = ▢

d) 24 : 6 = ▢   e) 14 : 7 = ▢   f) 16 : 2 = ▢

Seite 41 Aufgabe 3

a) ● ● ● ● ●
    ● ● ● ● ●
    ● ● ● ● ●

b)   ...

1 5 : 5 = 3

→ AH Seite 33   ★ übertragen eine Darstellung in eine andere und wechseln zwischen verschiedenen Darstellungsformen
★ erklären Beziehungen und Gesetzmäßigkeiten an Beispielen und vollziehen Begründungen anderer nach
★ ordnen Sachsituationen den Grundrechenarten zu

41

1 Löse die Aufgaben.

a)

Seite 42 Aufgabe 1

a)   12 : 3 = 4

Jedes Kind erhält 4 Karten.

12 Karten werden an 3 Kinder verteilt.

12 : 3 = 4
Jedes Kind erhält 4 Karten.

b)

28 Äpfel werden auf 4 Tüten verteilt.

28 : 4 = ■
In jeder Tüte sind ■ Äpfel.

c)

20 Kekse werden auf 5 Teller verteilt.

20 : 5 = ■
Auf jedem Teller sind ■ Kekse.

2 Finde selbst ein Beispiel, bei dem etwas verteilt wird. Schreibe, male und rechne.

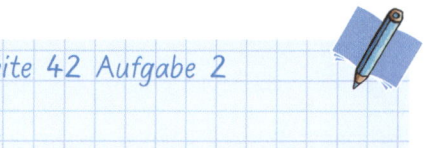

Seite 42 Aufgabe 2

...

★ übersetzen Problemstellungen des Verteilens aus Sachsituationen in die Sprache der Mathematik
★ übertragen eine Darstellung in eine andere
★ ordnen Sachsituationen den Grundrechenarten zu

→ AH Seite 34

 ❶ Suche dir andere Kinder. Verteilt Karten an die Kinder.

12 Karten an 3 Kinder
12 : 3

20 Karten an 4 Kinder
20 : 4

18 Karten an 2 Kinder
18 : 2

Ich verteile 12 Karten an 3 Kinder.

Jeder bekommt 4 Karten.

❷ Zeichne zu jedem Bild ein Punktebild und schreibe eine Geteiltaufgabe.

a)

b)

c)

Seite 43 Aufgabe 2

a) b) ...

18 : 3 = 6

d)

❸ Zeichne selbst Bilder und löse die Aufgaben.

a) 15 : 3 =   b) 25 : 5 =

c) 12 : 2 =   d) 24 : 4 =

e) 18 : 6 =   f) 21 : 3 =

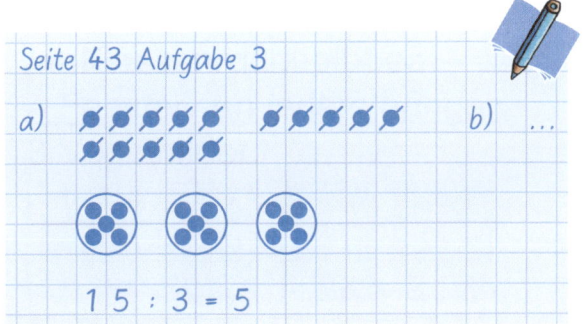

Seite 43 Aufgabe 3

a) b) ...

15 : 3 = 5

∗ übertragen eine Darstellung in eine andere und wechseln zwischen verschiedenen Darstellungsformen
∗ erklären Beziehungen und Gesetzmäßigkeiten an Beispielen und vollziehen Begründungen anderer nach
∗ ordnen Sachsituationen den Grundrechenarten zu

1 Schreibe zu jedem Bild eine Geteiltaufgabe und eine Malaufgabe.

a)

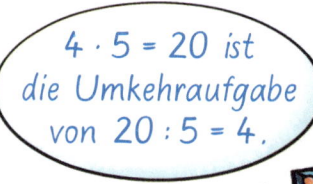
4 · 5 = 20 ist die Umkehraufgabe von 20 : 5 = 4.

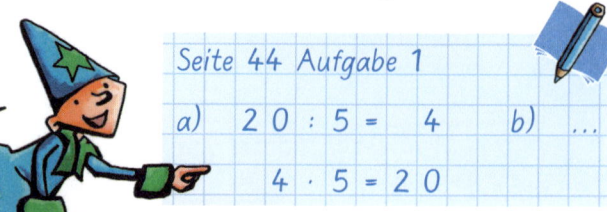
Seite 44 Aufgabe 1
a) 2 0 : 5 = 4   b) ...
       4 · 5 = 2 0

b) 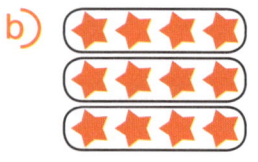   c) 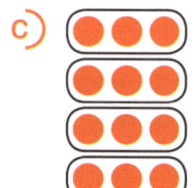   d)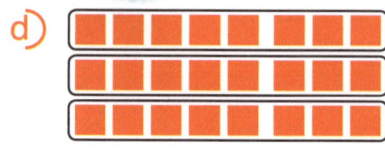

e)    f)    g)

2 Schreibe Geteilt- und Malaufgaben auf.

a) $14 \begin{matrix} : 2 \\ \longrightarrow \\ \longleftarrow \\ · 2 \end{matrix}$ ▫

b) $27 \begin{matrix} : 3 \\ \longrightarrow \\ \longleftarrow \\ · 3 \end{matrix}$ ▫

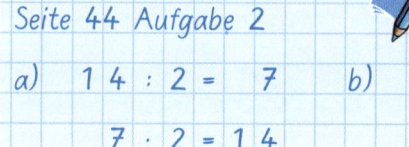
Seite 44 Aufgabe 2
a) 1 4 : 2 = 7   b) ...
       7 · 2 = 1 4

c) $32 \begin{matrix} : 4 \\ \longrightarrow \\ \longleftarrow \\ · 4 \end{matrix}$ ▫

d) $48 \begin{matrix} : 8 \\ \longrightarrow \\ \longleftarrow \\ · 8 \end{matrix}$ ▫

e) $54 \begin{matrix} : 6 \\ \longrightarrow \\ \longleftarrow \\ · 6 \end{matrix}$ ▫

f) $42 \begin{matrix} : 7 \\ \longrightarrow \\ \longleftarrow \\ · 7 \end{matrix}$ ▫

3 Suche Geteiltaufgaben und Malaufgaben, die zusammengehören.

4 · 3 = 12	15 : 3 = 5	36 : 4 = 9

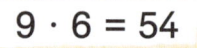

Seite 44 Aufgabe 3
1 2 : 3 = 4   ...
   4 · 3 = 1 2

9 · 6 = 54	5 · 3 = 15	8 · 5 = 40

12 : 3 = 4	40 : 5 = 8	6 · 2 = 12	48 : 8 = 6	54 : 6 = 9

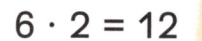 

6 · 8 = 48	12 : 2 = 6	9 · 4 = 36	35 : 7 = 5	5 · 7 = 35

★ entdecken, beschreiben und nutzen die Operationseigenschaft Umkehrbarkeit an Beispielen
★ übertragen eine Darstellung in andere

→ AH Seite 35
→ Ü Seite 33

1 Schreibe zu 3 Zahlen jeweils 4 Aufgaben.

a) `9` `2` `18`   b) `7` `56` `8`

c) `3` `4` `12`   d) `48` `6` `8`

e) `5` `7` `35`   f) `5` `25` `5`

Seite 45 Aufgabe 1

a) $9 \cdot 2 = 18$ b) ...

$18 : 2 = 9$

$2 \cdot 9 = 18$

$18 : 9 = 2$

2 Löse die Aufgaben.

a) $12 : 1 = \blacksquare$ b) $18 : 1 = \blacksquare$ c) $24 : 3 = \blacksquare$

$12 : 2 = \blacksquare$ $18 : 2 = \blacksquare$ $24 : 4 = \blacksquare$

$12 : 3 = \blacksquare$ $18 : 3 = \blacksquare$ $24 : 6 = \blacksquare$

$12 : 4 = \blacksquare$ $18 : 6 = \blacksquare$ $24 : 8 = \blacksquare$

$12 : 6 = \blacksquare$ $18 : 9 = \blacksquare$ $24 : 2 = \blacksquare$

$12 : 12 = \blacksquare$ $18 : 18 = \blacksquare$ $24 : 1 = \blacksquare$

Seite 45 Aufgabe 2

a) $12 : 1 = 12$ b) ...

$\vdots$

3 In jedem Päckchen findest du zwei falsch gelöste Aufgaben.
Schreibe sie mit dem richtigen Ergebnis auf.

a) $24 : 3 = 8$ b) $24 : 6 = 8$ c) $28 : 4 = 8$

$42 : 6 = 6$ $56 : 7 = 8$ $48 : 6 = 8$

$63 : 7 = 9$ $32 : 8 = 4$ $15 : 3 = 5$

$72 : 8 = 9$ $35 : 5 = 8$ $27 : 9 = 7$

$54 : 6 = 4$ $36 : 4 = 9$ $49 : 7 = 7$

Seite 45 Aufgabe 3

a) $42 : 6 = 7$ b) ...

$\vdots$

4 Löse die Aufgabenpaare.
Besprich mit einem anderen Kind, was dir auffällt.

a) $16 : 4 = \blacksquare$ b) $20 : 5 = \blacksquare$ c) $12 : 3 = \blacksquare$

$16 : 8 = \blacksquare$ $20 : 10 = \blacksquare$ $12 : 6 = \blacksquare$

d) $12 : 4 = \blacksquare$ e) $16 : 8 = \blacksquare$ f) $9 : 3 = \blacksquare$

$24 : 4 = \blacksquare$ $32 : 8 = \blacksquare$ $18 : 3 = \blacksquare$

Seite 45 Aufgabe 4

a) $16 : 4 = 4$ b) ...

$16 : 8 = 2$

g) Finde selbst Aufgabenpaare.

* wenden bereits vorhandene Kenntnisse und Fähigkeiten an und überprüfen Ergebnisse
* denken über Beziehungen bei Aufgabenpaaren nach
* nutzen Operationseigenschaften bei der Erstellung von Aufgaben

Geteiltaufgaben lösen und kontrollieren

1 Löse die Geteiltaufgaben.
Kontrolliere deine Ergebnisse mit der Umkehraufgabe.

a) $30 : 5 = \blacksquare$
denn $\blacksquare \cdot 5 = 30$

b) $28 : 4 = \blacksquare$
denn $\blacksquare \cdot 4 = 28$

c) $27 : 3 = \blacksquare$
denn $\blacksquare \cdot 3 = 27$

d) $42 : 6 = \blacksquare$
denn $\blacksquare \cdot 6 = 42$

Seite 46 Aufgabe 1
a)   3 0 : 5 = 6   b) ...
     denn 6 · 5 = 3 0

2 Löse die Geteiltaufgaben.
Kontrolliere deine Ergebnisse mit der Umkehraufgabe.

a) $24 : 3 = \blacksquare$
$30 : 6 = \blacksquare$
$18 : 2 = \blacksquare$
$20 : 4 = \blacksquare$
$35 : 5 = \blacksquare$

b) $49 : 7 = \blacksquare$
$54 : 6 = \blacksquare$
$64 : 8 = \blacksquare$
$18 : 9 = \blacksquare$
$32 : 4 = \blacksquare$

c) $45 : 5 = \blacksquare$
$63 : 9 = \blacksquare$
$18 : 3 = \blacksquare$
$24 : 6 = \blacksquare$
$27 : 9 = \blacksquare$

Seite 46 Aufgabe 2
a)   2 4 : 3 = 8   b) ...
     denn 8 · 3 = 2 4
       :

3 Finde die fehlenden Zahlen.
Die Umkehraufgabe kann dir helfen.

a) $35 : \blacksquare = 7$
$36 : 4 = \blacksquare$
$\blacksquare : 5 = 4$
$42 : \blacksquare = 7$
$24 : 6 = \blacksquare$

b) $\blacksquare : 4 = 4$
$25 : \blacksquare = 5$
$30 : 6 = \blacksquare$
$\blacksquare : 4 = 8$
$54 : 9 = \blacksquare$

c) $12 : 3 = \blacksquare$
$\blacksquare : 5 = 3$
$48 : \blacksquare = 6$
$\blacksquare : 9 = 3$
$18 : \blacksquare = 6$

Seite 46 Aufgabe 3
a)   3 5 : 5 = 7   b) ...
       :

∗ nutzen Rechengesetze zur Überprüfung ihrer Lösungen
∗ lösen Aufgaben des kleinen Einmaleins

→ AH Seiten 36 und 37
→ Ü Seite 34

Verdoppeln und halbieren

Das Doppelte von 5 ist 10.

Die Hälfte von 10 ist 5.

$2 \cdot 5 = 10$

$10 : 2 = 5$

1 Schreibe die Verdopplungsaufgabe auf.

a)

b)

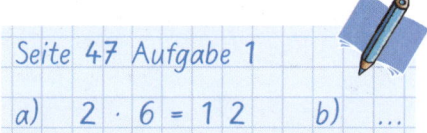
Seite 47 Aufgabe 1
a) $2 \cdot 6 = 12$ b) ...

c)

d)

2 Schreibe die Halbierungsaufgabe auf.

a)

b)

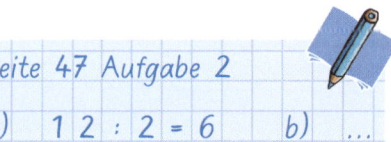
Seite 47 Aufgabe 2
a) $12 : 2 = 6$ b) ...

c)

d)

3 Berechne das Doppelte und die Hälfte.

a) das Doppelte von 3   b) das Doppelte von 10

c) das Doppelte von 6   d) das Doppelte von 4

Seite 47 Aufgabe 3
a) $2 \cdot 3 = 6$ b) ...

e) die Hälfte von 6   f) die Hälfte von 16

g) die Hälfte von 12   h) die Hälfte von 18

4 Löse die Zahlenrätsel. Schreibe passende Rechnungen auf.

Meine Zahl ist das Doppelte von 6.

Meine Zahl ist die Hälfte von 3 · 6.

Meine Zahl ist die Hälfte von 14.

Meine Zahl ist das Doppelte von 6 + 2.

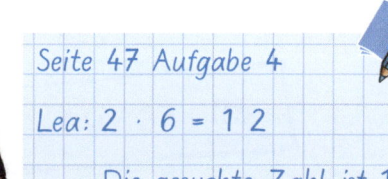
Seite 47 Aufgabe 4
Lea: $2 \cdot 6 = 12$
Die gesuchte Zahl ist 12.

★ denken über mathematische Beziehungen nach und prüfen diese
★ übertragen eine Darstellung in eine andere und wechseln zwischen verschiedenen Darstellungsformen
★ verwenden Fachbegriffe richtig

17 Kinder sitzen
an Zweiertischen.

17 : 2 = 8 Rest 1

8 Zweiertische
sind voll besetzt.
1 Kind sitzt allein
an einem Tisch.

1 Zeichne Bilder und schreibe die Aufgaben dazu.

a) 15 Kinder sitzen an Zweiertischen.

b) 11 Kinder sitzen an Zweiertischen.

c) 19 Kinder sitzen an Zweiertischen.

d) 13 Kinder sitzen an Zweiertischen.

e) 16 Kinder sitzen an Zweiertischen.

f) 14 Kinder sitzen an Zweiertischen.

g) 20 Kinder sitzen an Zweiertischen.

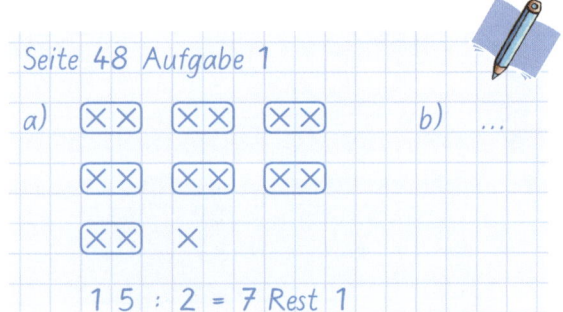

Seite 48 Aufgabe 1

a) ⊠ ⊠ ⊠   b) ...
⊠ ⊠ ⊠
⊠ ✕

15 : 2 = 7 Rest 1

* übertragen eine Darstellung in eine andere und wechseln zwischen verschiedenen Darstellungsformen

Geteiltaufgaben mit Rest finden, zeichnen und lösen

 1 Suche dir ein anderes Kind. Legt Geteiltaufgaben mit Steckwürfeln und Wollfäden.

14 : 3 = 4 Rest 2

14 : 3 = 4 und 2 bleiben übrig.

2 Schreibe zu jedem Bild eine Geteiltaufgabe.

a)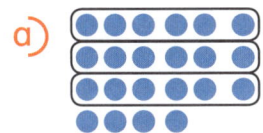

b)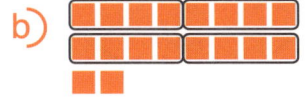

Seite 49 Aufgabe 2

a)   2 2 : 6 = 3 Rest 4   b)   ...

c)

d)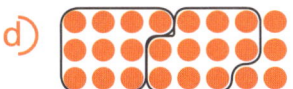

e)

f)

3 Zeichne Bilder und löse Aufgaben.

a) 25 : 4 = ▨ Rest ▨   b) 19 : 2 = ▨ Rest ▨

c) 21 : 6 = ▨ Rest ▨   d) 27 : 6 = ▨ Rest ▨

e) 22 : 3 = ▨ Rest ▨   f) 19 : 8 = ▨ Rest ▨

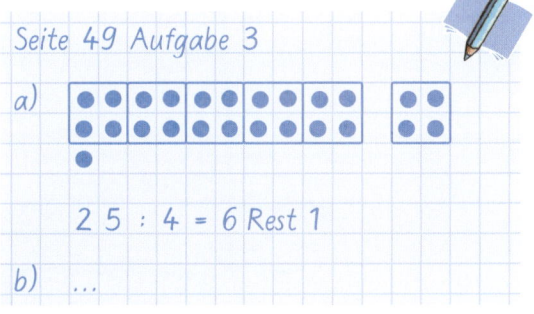

Seite 49 Aufgabe 3

a)

2 5 : 4 = 6 Rest 1

b)   ...

4 Finde zueinander passende Mal- und Geteiltaufgaben.

23 : 5 = 4 Rest 3	7 · 3 + 1 = 22
38 : 4 = 9 Rest 2	4 · 5 + 3 = 23
22 : 3 = 7 Rest 1	9 · 6 + 3 = 57
57 : 6 = 9 Rest 3	9 · 4 + 2 = 38

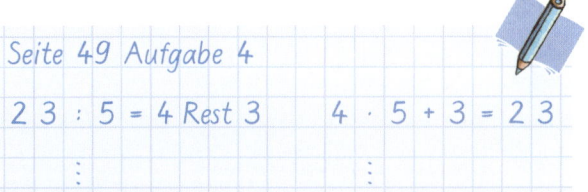

Seite 49 Aufgabe 4

2 3 : 5 = 4 Rest 3   4 · 5 + 3 = 2 3

→ AH Seite 38

* übertragen eine Darstellung in eine andere und wechseln zwischen Darstellungsformen
* erklären mathematische Beziehungen an Beispielen und vollziehen Begründungen nach
* nutzen Rechengesetze zur Kontrolle ihrer Lösung

1 Löse die Aufgaben und schreibe sie in dein Heft.
Als Hilfe kannst du Bilder zeichnen.

a) $8 : 8 = $ ▢
$10 : 8 = $ ▢ **R**est ▢
$13 : 8 = $ ▢ **R**est ▢

b) $20 : 5 = $ ▢
$22 : 5 = $ ▢ **R**est ▢
$24 : 5 = $ ▢ **R**est ▢

c) $28 : 4 = $ ▢
$29 : 4 = $ ▢ **R**est ▢
$31 : 4 = $ ▢ **R**est ▢

d) $36 : 6 = $ ▢
$38 : 6 = $ ▢ **R**est ▢
$40 : 6 = $ ▢ **R**est ▢

e) $63 : 9 = $ ▢
$66 : 9 = $ ▢ **R**est ▢
$70 : 9 = $ ▢ **R**est ▢

f) $50 : 10 = $ ▢
$54 : 10 = $ ▢ **R**est ▢
$58 : 10 = $ ▢ **R**est ▢

Seite 50 Aufgabe 1	
a) $8 : 8 = 1$	b) ...
$10 : 8 = 1\ R2$	
$13 : 8 = 1\ R5$	

2 Rechne und schreibe in dein Heft. Als Hilfe kannst du Bilder zeichnen.
Kontrolliere mit der Malaufgabe.

a) $21 : 5 = $ ▢ R ▢
$17 : 2 = $ ▢ R ▢
$32 : 10 = $ ▢ R ▢
$41 : 8 = $ ▢ R ▢
$20 : 6 = $ ▢ R ▢

b) $29 : 3 = $ ▢ R ▢
$37 : 7 = $ ▢ R ▢
$48 : 9 = $ ▢ R ▢
$19 : 2 = $ ▢ R ▢
$30 : 4 = $ ▢ R ▢

c) $60 : 8 = $ ▢ R ▢
$50 : 6 = $ ▢ R ▢
$44 : 7 = $ ▢ R ▢
$38 : 9 = $ ▢ R ▢
$26 : 4 = $ ▢ R ▢

d) $35 : 4 = $ ▢ R ▢
$48 : 5 = $ ▢ R ▢
$38 : 5 = $ ▢ R ▢
$56 : 6 = $ ▢ R ▢
$27 : 8 = $ ▢ R ▢

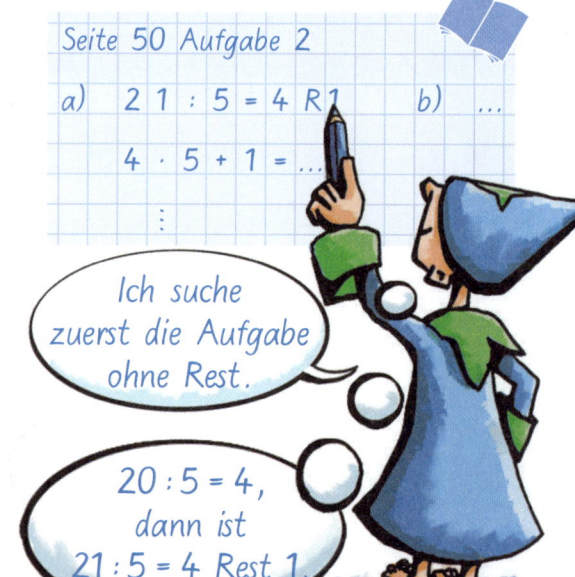

Seite 50 Aufgabe 2	
a) $21 : 5 = 4\ R1$	b) ...
$4 \cdot 5 + 1 = ...$	
⋮	

Ich suche zuerst die Aufgabe ohne Rest.

$20 : 5 = 4$, dann ist $21 : 5 = 4$ Rest 1.

3 In jedem Päckchen findest du zwei falsch gelöste Aufgaben. Schreibe sie
mit dem richtigen Ergebnis auf.

a) $27 : 5 = 5\ R2$
$26 : 7 = 3\ R6$
$29 : 4 = 7\ R1$
$32 : 9 = 3\ R3$

b) $19 : 2 = 8\ R1$
$52 : 8 = 6\ R4$
$33 : 6 = 6\ R3$
$23 : 3 = 7\ R2$

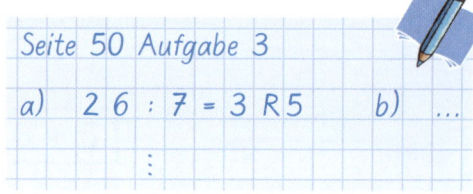

Seite 50 Aufgabe 3	
a) $26 : 7 = 3\ R5$	b) ...
⋮	

✳ erkennen die Struktur von Aufgabenreihen und nutzen diese
✳ nutzen Rechengesetze für vorteilhaftes Rechnen und zum Überprüfen der Lösung

→ AH Seite 39
→ Ü Seite 35

Zu Situationen Punktebilder und Aufgaben finden

In der Klasse sitzen die Kinder an 5 Vierertischen.

Ein Punktebild hilft mir, die passende Aufgabe zu finden.

5 · 4 = 20

1 Zeichne passende Punktebilder in dein Heft. Schreibe die Aufgaben dazu.

a) Auf dem Tisch liegen 2 Mäppchen mit je 6 Stiften.

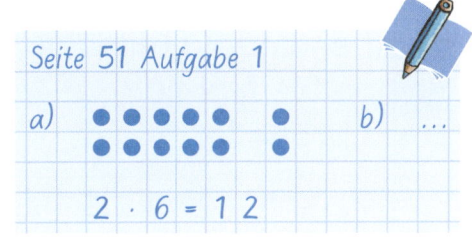

Seite 51 Aufgabe 1

a) ● ● ● ● ●   ●   b) ...
   ● ● ● ● ●   ●

2 · 6 = 1 2

b) Janek hängt 20 Bilder auf. Er teilt sie so auf, dass immer 10 in einer Reihe hängen.

c) 15 Kinder werden in 3 Gruppen verteilt.

d) In der Leseecke stehen 3 Bücherkisten. In jeder Kiste sind 10 Bücher.

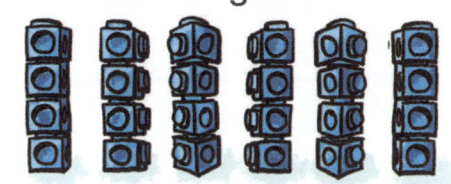

e) Lea hat aus 24 Steckwürfeln Vierertürme gebaut.

f) 32 Spielkarten werden an 4 Kinder verteilt.

g) Im Klassenraum gibt es 4 Fenster. An jedem hängen 3 Vogelbilder.

⋆ übertragen eine Darstellung in eine andere und wechseln zwischen verschiedenen Darstellungsformen
⋆ übersetzen Problemstellungen aus Sachsituationen in die Sprache der Mathematik und lösen sie

Zu Rechengeschichten Punktebilder und Aufgaben finden

1 Zeichne zu jeder Rechengeschichte ein Punktebild und schreibe die Aufgabe dazu. Schreibe einen passenden Antwortsatz.

a)
Max sammelt Sticker.
Er kauft 3 Päckchen.
In jedem Päckchen sind
6 Sticker.

F: Wie viele Sticker kauft Max?

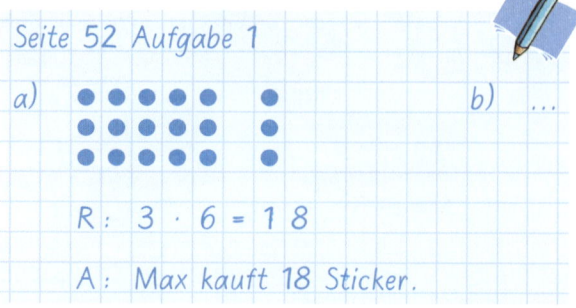

Seite 52 Aufgabe 1

a) ● ● ● ● ●   ●   b) ...
● ● ● ● ●   ●
● ● ● ● ●   ●

R: 3 · 6 = 1 8

A: Max kauft 18 Sticker.

b)
Lena geht dreimal in den Keller.
Jedes Mal holt sie 4 Flaschen
Limonade.

F: Wie viele Flaschen Limo-
    nade holt Lena insgesamt?

c)
Tim hängt Bilder auf. Für jedes
Bild braucht er 4 Nadeln. Insge-
samt braucht er 28 Nadeln.

F: Wie viele Bilder hängt Tim
    auf?

d)
Maja verteilt 30 Murmeln an
5 Kinder.

F: Wie viele Murmeln bekommt
    jedes Kind?

e)
Lisa baut aus 15 Steckwürfeln
Dreiertürme.

F: Wie viele Türme baut Lisa?

f)
Paul gießt die Blumen.
Auf 4 Fensterbänken stehen
je 5 Blumentöpfe.

F: Wie viele Blumentöpfe gießt
    Paul?

g)
Patrick verteilt 40 Kekse
auf 5 Teller.

F: Wie viele Kekse sind
    auf jedem Teller?

2 Schreibe zu jedem Punktebild eine passende Aufgabe. Erfinde eine kleine Rechengeschichte dazu und stelle sie einem anderen Kind vor.

a)    b) 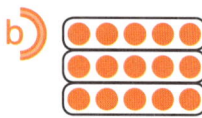   c)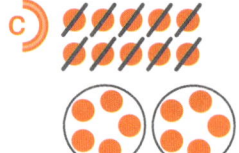

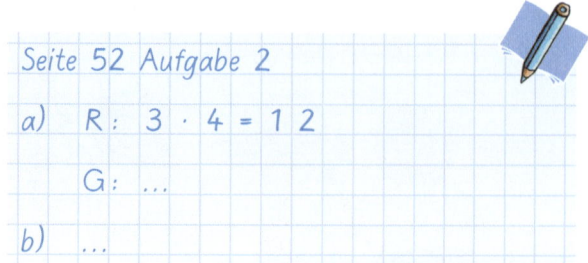

Seite 52 Aufgabe 2

a)   R: 3 · 4 = 1 2

    G: ...

b) ...

★ übersetzen Problemstellungen aus Sachsituationen in die Sprache der Mathematik und lösen sie
★ nutzen verschiedene Darstellungsformen

→ AH Seite 40
→ Ü Seite 36

1 Schreibe zu jeder Rechengeschichte zwei Aufgaben.
Die Punktebilder helfen dir. Schreibe einen passenden Antwortsatz.

a) Maja verteilt an sich und ihre beiden Freunde 18 Murmeln. Anschließend bekommt sie noch 5 Murmeln von ihrem Bruder geschenkt.

F: Wie viele Murmeln hat Maja jetzt?

Seite 53 Aufgabe 1

a) R: $18 : 3 = 6$ $6 + 5 = 11$

A: Maja hat 11 Murmeln.

b) ...

b) Patrick hat 22 schöne Steine gesammelt. 4 davon legt er in sein Regal. Die anderen Steine möchte er verschenken. Er packt Päckchen mit je 3 Steinen.

F: Wie viele Päckchen packt Patrick?

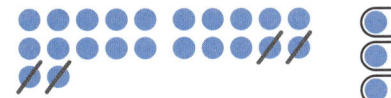
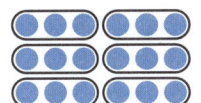

c) Paul backt mit seinem Vater Plätzchen. Auf das große Backblech passen 3 Reihen mit je 4 Plätzchen. Auf das kleine Backblech passen 9 Plätzchen.

F: Wie viele Plätzchen backen Paul und sein Vater?

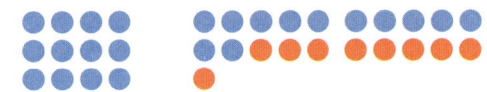

2 Zeichne zu jeder Rechengeschichte zwei Punktebilder und schreibe die Aufgaben dazu. Schreibe einen passenden Antwortsatz.

a) Lea baut aus Steckwürfeln 3 Vierertürme. Daneben baut sie einen Turm aus 8 Würfeln.

F: Wie viele Würfel braucht sie?

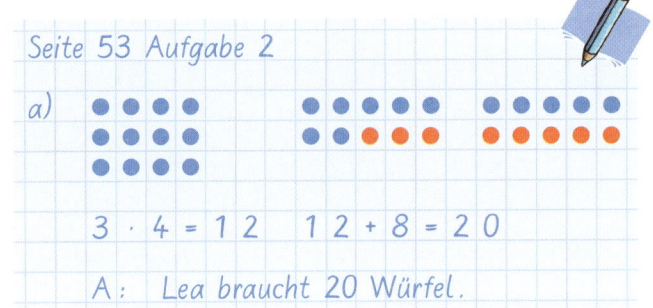

Seite 53 Aufgabe 2

a)

$3 \cdot 4 = 12$ $12 + 8 = 20$

A: Lea braucht 20 Würfel.

b) Max verteilt 20 Bonbons an sich und seine drei Freunde. Anschließend schenkt er vier von seinen Bonbons seiner Schwester.

F: Wie viele Bonbons hat Max noch?

c) Mai-Lin baut aus 30 Steckwürfeln einen Sechserturm und anschließend noch Vierertürme.

F: Wie viele Vierertürme sind es?

* übertragen eine Darstellung in eine andere und wechseln zwischen verschiedenen Darstellungsformen
* übersetzen Problemstellungen aus Sachsituationen in die Sprache der Mathematik und lösen sie

53

Auf dem Hof laufen Hühner.
Lea zählt 14 Beine.

F: Wie viele Hühner
   sind auf dem Hof?

Eine Skizze hilft mir.

14 Beine – 7 Hühner

1 Zeichne zu jeder Aufgabe eine Skizze.
Schreibe einen passenden Antwortsatz.

a) Auf der Wiese laufen Gänse.
Patrick zählt 16 Beine.

F: Wie viele Gänse sind auf
   der Wiese?

Seite 54 Aufgabe 1
a) RRRRRRRR   b) ...
   R: 1 6 : 2 = 8
   A: Auf der Wiese ...

b) Auf der Weide stehen Kühe.
Max zählt 32 Beine.

F: Wie viele Kühe stehen
   auf der Weide?

c) Im Stall sind Schweine und 3 Hühner.
Meral zählt insgesamt 30 Beine.

F: Wie viele Schweine sind im Stall?

2 Zeichne zu jeder Aufgabe eine Skizze und finde die Lösung.
Schreibe einen passenden Antwortsatz.
Vergleiche deine Ergebnisse mit einem anderen Kind.

a) Im Schwimmbad sind 18 Kinder.
Die Hälfte der Kinder ist im Schwimmer-
Becken. Im Nichtschwimmer-Becken
tauchen zwei Paare nach Ringen.
Die anderen Kinder sitzen auf der Bank.

F: Wie viele Kinder sitzen auf der Bank?

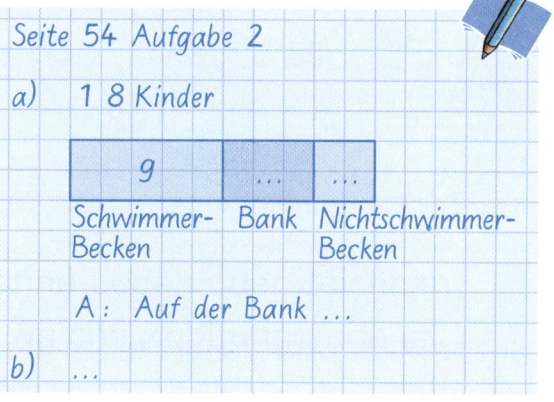

Seite 54 Aufgabe 2
a) 1 8 Kinder

   | 9 | ... | ... |

   Schwimmer- Bank Nichtschwimmer-
   Becken   Becken

   A: Auf der Bank ...
b) ...

b) Auf dem Schulhof sind 24 Kinder.
Zwei Dreiergruppen springen mit
dem Seil, sechs Paare spielen mit dem Ball.
Die anderen Kinder sind auf dem Klettergerüst.

F: Wie viele Kinder sind auf dem Klettergerüst?

* entnehmen aus kurzen Sachtexten relevante Informationen und übersetzen diese in die Sprache der Mathematik
* entwickeln geeignete Skizzen, um mathematische Probleme darzustellen

Rechtecke, Quadrate, Dreiecke und Kreise entdecken

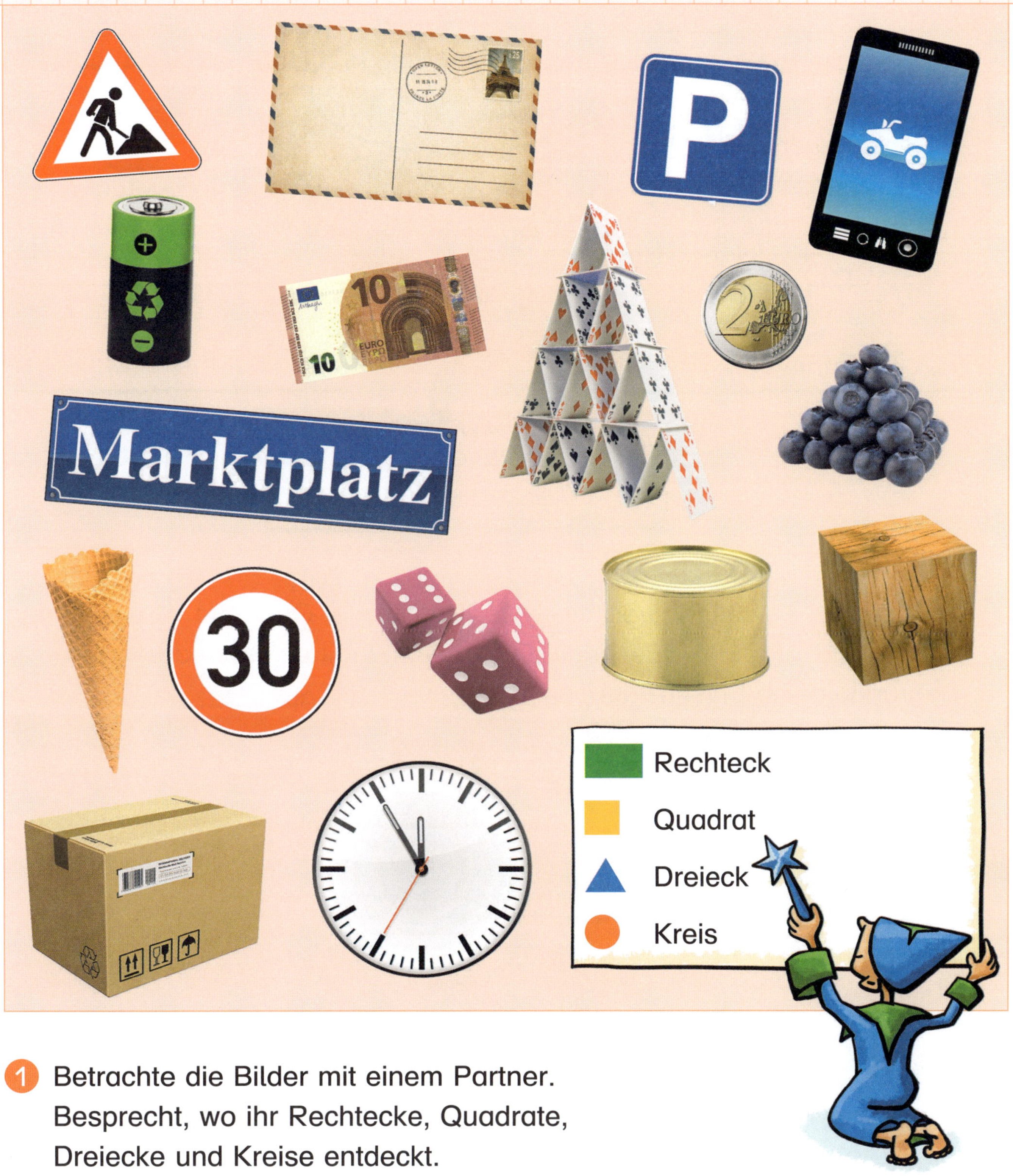
P
10
EURO
Marktplatz
30
Rechteck
Quadrat
Dreieck
Kreis

1. Betrachte die Bilder mit einem Partner. Besprecht, wo ihr Rechtecke, Quadrate, Dreiecke und Kreise entdeckt.

2. Suche in deiner Umgebung Dinge, an denen du Rechtecke, Quadrate, Dreiecke und Kreise erkennen kannst. Schreibe oder zeichne sie auf. Ordne ihnen die passende Form zu.

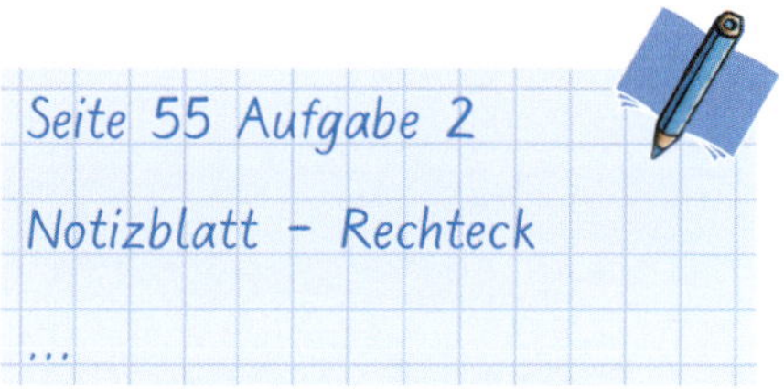
Seite 55 Aufgabe 2
Notizblatt – Rechteck
...

★ entdecken und beschreiben geometrische Grundformen (auch in der alltäglichen Umwelt) und verwenden Fachbegriffe

Vierecke, Rechtecke, Quadrate, Dreiecke und Kreise erkennen

Das Rechteck hat 4 Ecken und 4 Seiten. Die gegenüberliegenden Seiten sind gleich lang.

Das Quadrat und das Rechteck sind besondere Vierecke.

Das Quadrat hat 4 Ecken und 4 Seiten. Alle Seiten sind gleich lang.

Das Dreieck hat 3 Ecken und 3 Seiten.

Der Kreis ist rund, er hat keine Ecken.

Das Viereck hat 4 Ecken und 4 Seiten.

1 Entscheide, welche Figuren Vierecke, Rechtecke, Quadrate, Dreiecke und Kreise sind. Ordne zu. Besprich deine Lösung mit einem anderen Kind. Begründe deine Entscheidungen.

Seite 56 Aufgabe 1

Viereck: A, ...

Rechteck: ...

Quadrat: ...

Dreieck: ...

Kreis: ...

2 Zeichne Quadrate und Rechtecke.

a) Zeichne die Quadrate und das Rechteck ab. Benutze ein Lineal.

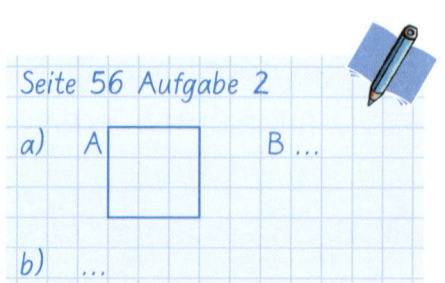

Seite 56 Aufgabe 2

a) A   B ...

b) ...

b) Zeichne weitere Quadrate und Rechtecke. Male die Quadrate gelb aus. Male die anderen Rechtecke grün aus.

★ bearbeiten Aufgabenstellungen gemeinsam und erklären anderen ihren Lösungsweg
★ beschreiben und vergleichen Flächenformen mit Fachbegriffen

→ AH Seite 41
→ Ü Seite 37

In der Vorstellung Figuren zusammensetzen

1 Schreibe jeweils die beiden Teile auf, die zusammen ein Quadrat ergeben.

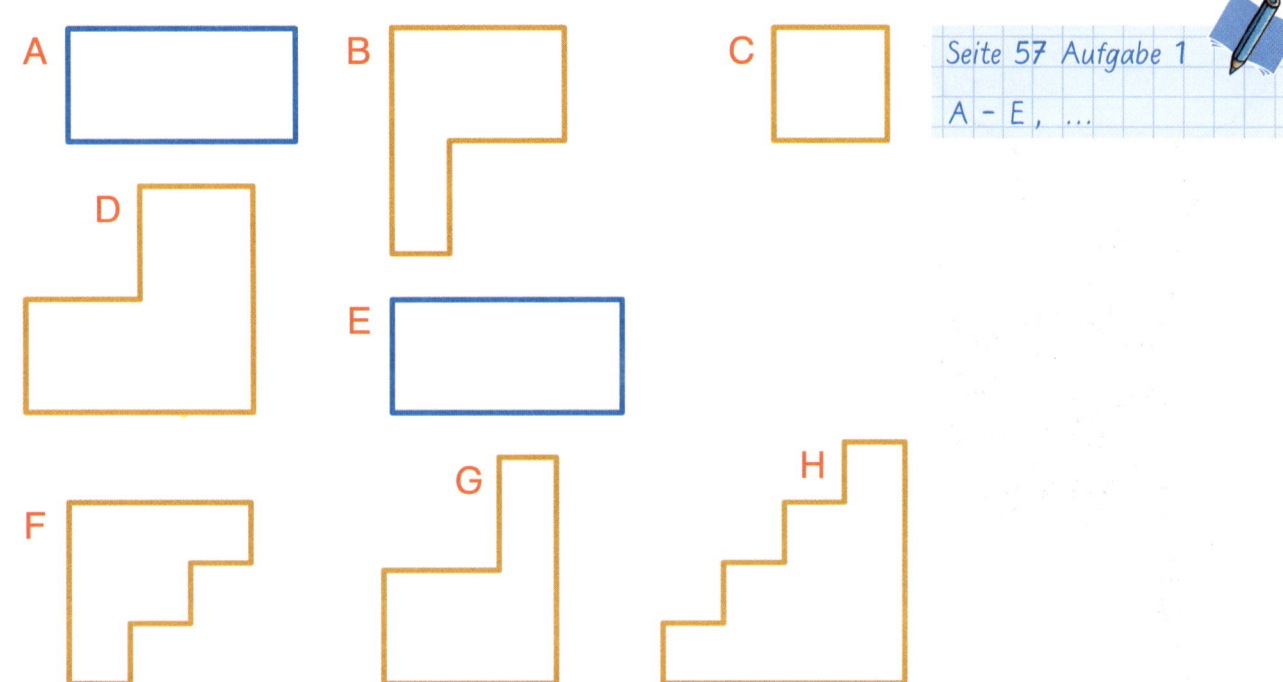

A   B   C

D

E

F   G   H

Seite 57 Aufgabe 1
A – E, …

2 Überlege, welche Figuren entstehen, wenn du die Zahlen
in der angegebenen Reihenfolge verbinden würdest.

a) 2, 4, 12, 10, 2   **b)** 2, 8, 11, 5, 2   **c)** 9, 6, 11, 10, 9

1	2	3	4
5	6	7	8
9	10	11	12

1	2	3	4
5	6	7	8
9	10	11	12

1	2	3	4
5	6	7	8
9	10	11	12

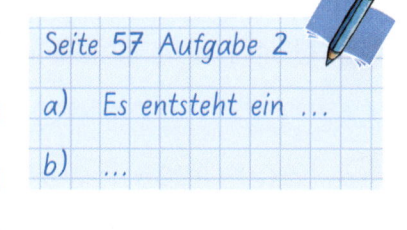

Seite 57 Aufgabe 2
a) Es entsteht ein …
b) …

3 Lies dir die Angaben durch. Schreibe auf, welche Figur entsteht.
Falte in deiner Vorstellung …

a) … ein Quadrat so, dass zwei gegenüberliegende
Seiten genau aufeinanderliegen.

b) … bei einem Quadrat die rechte untere Ecke
auf die linke obere Ecke.

c) … ein Quadrat so, dass zwei gegenüberliegende
Seiten genau aufeinanderliegen. Dann falte es in der
Mitte, so dass die kurzen Seiten übereinanderliegen.

Seite 57 Aufgabe 3
a) …   b)

∗ setzen über die Vorstellung gegebene Teilfiguren zu Quadraten
zusammen und nutzen dabei die Eigenschaften von Quadraten
∗ stellen geometrische Figuren über Zeichnen und Falten in der Vorstellung her (Kopfgeometrie)

57

Tangram legen

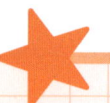

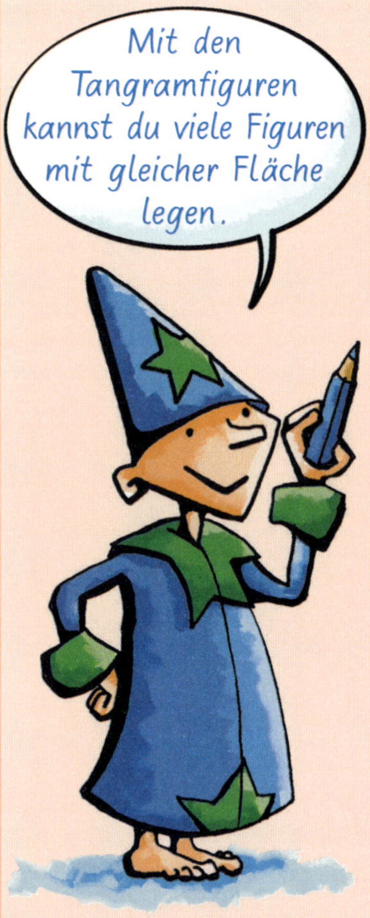
Mit den Tangramfiguren kannst du viele Figuren mit gleicher Fläche legen.

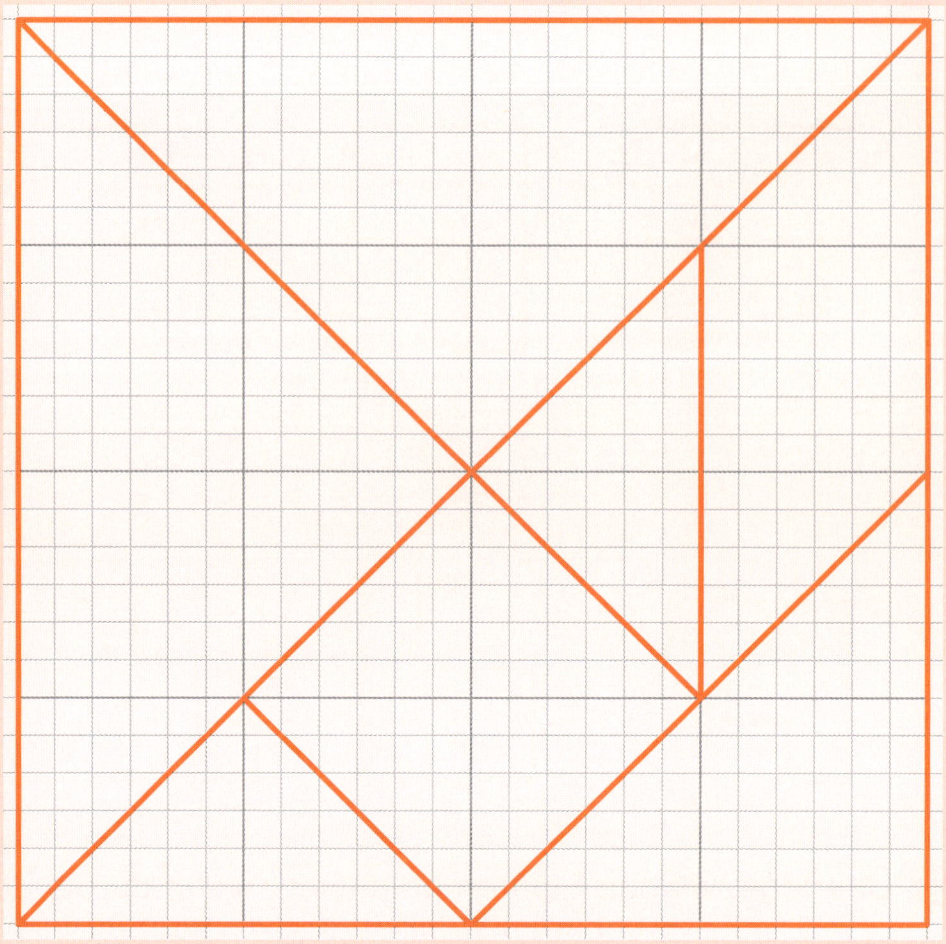

1 Übertrage das Muster auf Karopapier. Schneide alle 7 Teile aus.

2 Lege diese Figuren nach.

a)

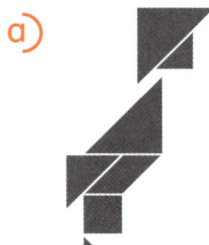

b)

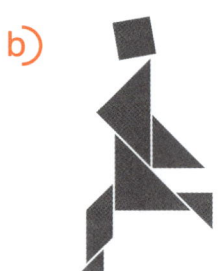

c)

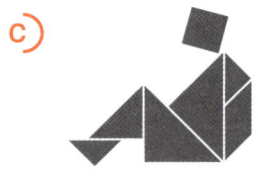

d) Erfinde auch eigene Figuren.

3 Lege auch diese Figuren nach.

a)

b)

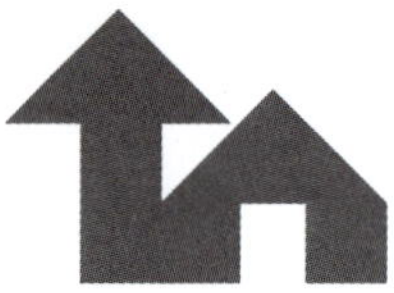

c)

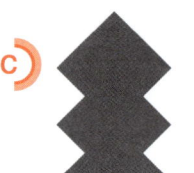

★ stellen durch Nachlegen und Zusammensetzen ebene Figuren her und erfinden selbst welche

Flächeninhalte bestimmen und vergleichen

1 Flächeninhalte mit Hilfe von Kästchen bestimmen.

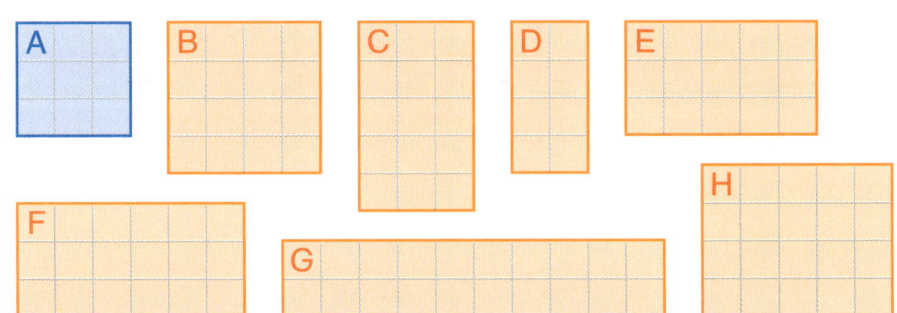

a) Schätze, in welcher Figur die meisten Kästchen sind. Schätze, ob es Figuren gibt, die die gleiche Anzahl von Kästchen haben.

b) Ermittle die genaue Anzahl von Kästchen für jede Figur durch Abzählen.

c) Ermittle die Ergebnisse durch Rechnen. Schreibe die Aufgaben auf.

d) Schreibe Vergleiche auf:
… hat gleich viele Kästchen wie …
… hat mehr Kästchen als …
… hat weniger Kästchen als …

Seite 59 Aufgabe 1

a) Die meisten Kästchen: …

Gleich viele Kästchen: …

b) Figur A: 9 Kästchen

⋮

c) A: 3 · 3 = 9 Kästchen

⋮

d) Figur … hat gleich viele …

Figur … hat mehr …

Figur … hat weniger …

2 Die Rechtecke und das Quadrat sollen mit quadratischen Plättchen ausgelegt werden.

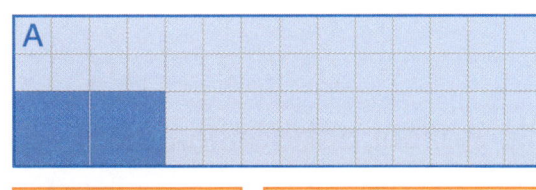

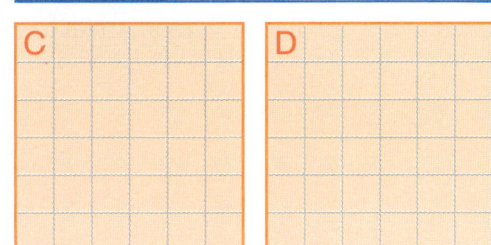

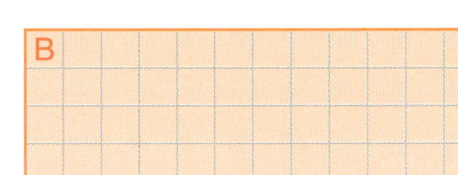

a) Schätze, für welche Figur du zum Auslegen die meisten Plättchen benötigst.

b) Übertrage die Rechtecke und das Quadrat in dein Heft. Zeichne in jede Figur die quadratischen Plättchen ein. Jedes quadratische Plättchen besteht aus 4 Kästchen. Schreibe deine Ergebnisse auf.

Seite 59 Aufgabe 2

a) Die meisten Plättchen: …

b) …

→ AH Seite 42

★ bestimmen und vergleichen den Flächeninhalt ebener Figuren durch Auslegen mit Einheitsquadraten

Figuren zeichnen und Flächeninhalte ermitteln

Die Anzahlen der Kästchen in den Quadraten sind Quadratzahlen.

4 Kästchen   9 Kästchen

16 Kästchen   1 Kästchen

1 Zeichne Quadrate und ermittle die Größe der Flächen.

a) Übertrage die Quadrate in dein Heft.
Benutze ein Lineal. Setze die Reihe fort.

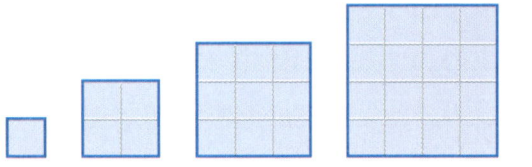 ...

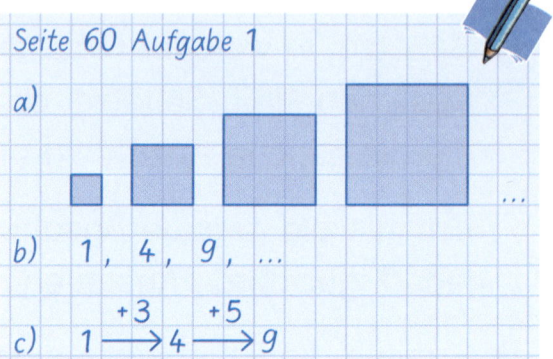

b) Bestimme die Anzahl der Kästchen.

c) Bestimme, wie viele Kästchen jeweils dazukommen.

2 Zeichne Quadrate zu folgenden Flächenangaben.

a) 25 Kästchen   b) 49 Kästchen

c) 64 Kästchen   d) 16 Kästchen

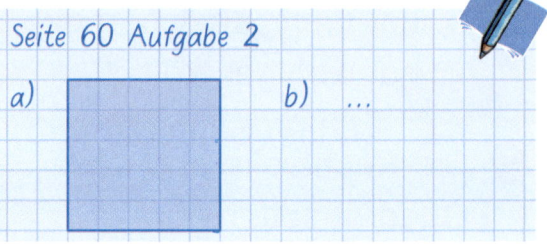

3 Bestimme die Anzahl der ausgemalten
Kästchen. Zerlege die Figuren geschickt.
Schreibe deine Rechnungen auf.

a) 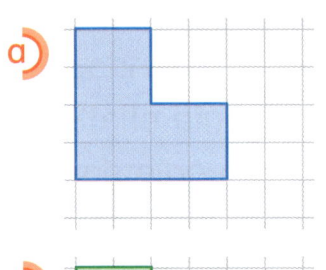   b)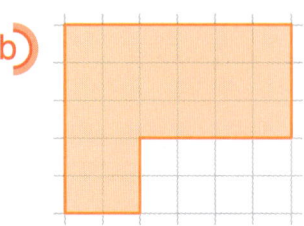

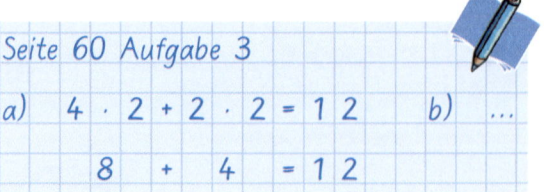

c) 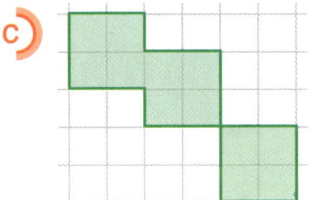   d)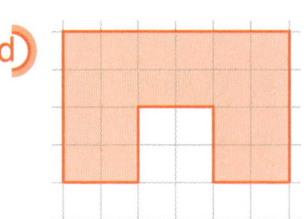

* bestimmen und vergleichen den Flächeninhalt durch Auslegen mit Einheitsquadraten oder Zerlegen in Teilstücke
* erkennen mathematische Beziehungen und Gesetzmäßigkeiten und übertragen diese auf ähnliche Sachverhalte